经济管理国家级实验教学示范中心（嘉兴学院）　　会计学专业模拟实验系列教材
国家特色专业　浙江省新兴特色专业　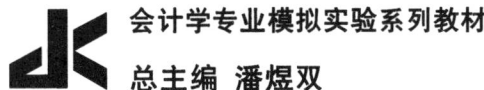　总主编　潘煜双

初级会计学
模拟实验教程

（第四版）

杨火青　马晨明／编著

图书在版编目(CIP)数据

初级会计学模拟实验教程/杨火青,马晨明编著.
—4版.—上海:立信会计出版社,2019.2
会计学专业模拟实验系列教材
ISBN 978-7-5429-6091-7

Ⅰ.①初… Ⅱ.①杨… ②马… Ⅲ.①会计学—高等学校—教材 Ⅳ.①F230

中国版本图书馆 CIP 数据核字(2019)第 037765 号

策划编辑　余　榕
责任编辑　余　榕

初级会计学模拟实验教程(第四版)
Chuji Kuaijixue Moni Shiyan Jiaocheng

出版发行	立信会计出版社		
地　　址	上海市中山西路 2230 号	邮政编码	200235
电　　话	(021)64411389	传　真	(021)64411325
网　　址	www.lixinaph.com	电子邮箱	lxaph@sh163.net
网上书店	www.shlx.net	电　话	(021)64411071
经　　销	各地新华书店		
印　　刷	常熟市梅李印刷有限公司		
开　　本	787 毫米×1 092 毫米　　1/16		
印　　张	9.25		
字　　数	218 千字		
版　　次	2019 年 2 月第 4 版		
印　　次	2019 年 2 月第 1 次		
印　　数	1—3 100		
书　　号	ISBN 978-7-5429-6091-7/F		
定　　价	32.00 元		

如有印订差错,请与本社联系调换

总　　序

　　20世纪90年代中后期以来,随着我国社会主义市场经济的快速发展,与之相关联的会计专业人才的市场需求不断扩大,各高校会计学专业招生人数也不断扩大。但是,与之俱来的问题是会计人才的动手能力还不能满足企事业单位的要求。会计学专业是实践性很强的专业,特别是地方高校的会计学专业毕业生就业面向实务,用人单位希望毕业生有比较强的动手能力。然而,现在与过去相比,面临的难题是,过去学生学习由学校通过企业或行业主管部门统一安排,接收毕业生的实习是企业的一项任务,实习单位无论在规模上或层次上都能满足实践教学的需求。但是,现在的毕业生实习都是松散型的,学校也不可能像以前那样将学生统一安排到固定的企业去实习。在此背景下,各高校开始自己建立实验室,自编实验教材,安排学生进行会计模拟实验。嘉兴学院的这套"会计学专业模拟实验系列教材"先在校内经过多轮的试用,体系和内容已较成熟,后自2006年开始在立信会计出版社陆续出版。迄今为止,已出版的教材有《初级会计学模拟实验教程》《中级财务会计学模拟实验教程》《成本会计学模拟实验教程》《会计综合模拟实验教程》和《税务会计模拟实验教程》5本,《会计信息系统模拟实验教程》也将于近期出版。至此,这套"会计学专业模拟实验系列教材"的体系更加完整,内容更加全面,涵盖了会计学专业的核心课程。其中,《初级会计学模拟实验教程》荣获"华东地区大学出版社第八届优秀教材学术专著二等奖",有关实践教学课题的研究有3项课题获得学校教学成果一等奖。

　　本套教材总体架构是按照嘉兴学院商学院院长、国家特色专业(会计学)建设点负责人潘煜双教授提出的"点""线""面"实践教学法的要求设计的。"点"是针对具体课程的具体教学内容开展单项实验,帮助学生理解概念和消化课堂内容,掌握专项技能。"线"是针对某一课程的内容进行系统的综合实验,培养学生独立处理会计业务的能力。"面"是专业的综合训练,具体包括:①专业综合实验,以一个特定企业为例,选择设计1个月的业务,要求学生独立完成一个会计循环的全部会计工作,培养学生的会计政策选择、职业判断等综合业务能力。②ERP实训,全面提高会计管理能力及沟通、协作能力。③专业实习、毕业实习,提高学生的观察能力、适应能力及分析、解决问题的能力。④学年论文、毕业论文的撰写,提高学生理论水平及专业研究能力。⑤学科竞赛,财会信息化竞赛、挑战杯创业设计大赛、大学生研究训练计划(SRT)等,提高学生对知识的融会贯通及应用能力,全面提高学生的综合素质。

近年来,本套教材历经多次改版和重印,说明其深受读者的欢迎,本次的修订和补充广泛吸纳相关用书单位的意见,特别是使用本套教材的专业老师的意见,并结合现行的企业会计准则、制度等对原有内容进行了修改和完善;将原有章节安排的教学内容改为以实验项目设计的教学内容,更进一步突出实践教学的特点和"点""线""面"实践教学法的要求;增设必做实验项目和选做实验项目,以适应不同专业、不同层次的需要。通过本次的修订和补充,本套教材的特点将更加明显。

按照"点""线""面"实践教学法设计的本套教材的框架科学合理,符合实践认知规律。"点"的实践教学主要是训练学生应用某一点或某一会计基本理论和基本知识的能力,培养某一专项基本技能;"线"的实践教学主要是训练学生综合应用某一课程所涉及的基本理论和基本知识的能力,培养该课程要求达到的综合应用能力和基本技能;"面"的实践教学主要是训练学生对知识的融会贯通,培养学生的会计政策选择、职业判断等综合业务能力,以实现专业培养目标的要求。本套教材实验资料真实,具有高度仿真性。实验所用资料是企业实际发生的经济业务,实验所用的各种账册、发票、票据、结算凭证等与实际工作完全相同。学生按照会计工作岗位进行模拟情境实验就如同在企业进行会计处理,真实感较强。

本套教材还体现了专业实验教学不断线的特点。对于"会计学原理""中级财务会计""成本会计""电算化会计""税务会计"等课程均配有一定的实验课时,并在课程实验基础上,设计了系统的实验课程——"会计综合实验"。

本套教材还配有与实验相关的附录,如《初级会计学模拟实验教程》《中级财务会计学模拟实验教程》《成本会计学模拟实验教程》《税务会计模拟实验教程》和《会计综合模拟实验教程》均配有"实验教学项目卡""实验中学生常见问题的解答""实验评分标准""实验结果验收记录表""实验过程控制记录表""实验报告格式及写作要求""实验思考题"等,便于老师指导和学生自学。

本套教材适用于高等院校会计学、财务管理、审计等专业,其他经管类专业也可以根据需要选用本套教材内的相关实验教材。

编 者

2019年2月

第四版前言

自2006年7月出版以来,《初级会计学模拟实验教程》一书在学生中使用已有13个年头了,已经印刷了13次,累计印量达到55 000册,得到了诸多使用院校师生和实务工作者的认可,并荣获"华东地区大学出版社第八届优秀教材学术专著二等奖"。

本次改版是在第三版的基础上,根据我国《财政部 税务总局关于调整增值税税率的通知》(财税〔2018〕32号)和《财政部关于修订印发2018年度一般企业财务报表格式的通知》(财会〔2018〕15号)等政策的规定,并充分吸纳热心专家的建议以及数年来使用本书的专业教师的教学反馈,对原有内容进行了修改、完善、补充和提高。本次改版在内容上进行了重大的调整,以更好地满足会计学、财务管理、审计等专业和其他经管类专业"初级会计学""会计学基础""会计学原理""基础会计"等课程教学中实践教学环节的需要。

在内容上,本书划分为会计凭证、会计账簿、财务报表3个实验项目。每个实验项目又分为若干个子项目,每个子项目涉及不同的会计岗位。子项目的设计分为必做实验项目和选做实验项目,以适应不同专业、不同层次读者的需要。每个实验项目的构架由实验目的、实验资料、实验要求、实验设计、实验程序和参考答案等组成。另外,本书还配备了实验大纲、实验课时分配表和相关附录等内容,以更适合广大院校师生在教学和实验中使用。

编 者

2019年2月

目 录

实验大纲 ··· 1

实验课时分配表 ·· 3

实验项目 1　会计凭证 ·· 5
　实验项目 1-1　原始凭证的填制 ··· 5
　实验项目 1-2　记账凭证的填制 ··· 23

实验项目 2　会计账簿 ·· 61
　实验项目 2-1　日记账的登记 ·· 61
　实验项目 2-2　存货明细账的登记 ·· 61
　实验项目 2-3　错账更正 ·· 79
　实验项目 2-4　记账规则与结账 ··· 95
　实验项目 2-5　银行存款余额调节表的编制 ·· 99

实验项目 3　财务报表 ·· 105
　实验项目 3-1　科目汇总表账务处理程序 ··· 105
　实验项目 3-2　财务报表的编制 ··· 111

附录 1　实验教学项目卡 ·· 117
附录 2　实验中学生常见问题的解答 ·· 119
附录 3　实验评分标准 ··· 127
附录 4　实验结果验收记录表 ·· 129
附录 5　实验过程控制记录表 ·· 130
附录 6　实验报告格式及写作要求 ·· 131
附录 7　实验思考题 ·· 136

实 验 大 纲

一、总则

1. 适用范围

(1) 相关的课程名称及课程属性:会计学原理,属学科基础课程。

(2) 适用的专业:经济学、管理学等学科所属的各专业。

(3) 实验总时数:16学时。

(4) 学分:0.5学分。

2. 实验目的和要求

通过对模拟实验教程的学习,学生可以加深对所讲授知识的认识和理解,培养阅读、分析和利用会计原始资料进行初级会计实务处理的基本技能,完成从会计基础知识到会计基本技能的转换;学生应在规定的时间内独立完成实验任务,并写出实验报告。

3. 实验课程的重点内容

(1) 会计凭证的编制。

(2) 会计账簿的设置和登记。

(3) 财务报表的编制。

4. 实验条件

需要一个单独的会计实验室;需要一套至少可供一个自然班使用的会计手工实验设备和相关实验材料;需要一套至少可供一个自然班使用的会计电算化实验设备和相关实验材料。

5. 实验材料

每个学生至少需要空白收款凭证5张、付款凭证20张、转账凭证20张,三栏式账页43张、银行存款余额调节表1张、资产负债表和利润表各1张、会计凭证装订封皮3套;其他实验材料:如胶水4人1瓶,回形针4人1盒,装订线和装订机若干。

二、实验项目及学时安排

1. 实验项目1:会计凭证

(1) 实验类型:验证性实验。

(2) 实验开设属性:必开。

(3) 学时数:6学时。

(4) 实验目的:通过本次实验,学生应进一步熟悉企业的经营过程,熟悉企业的筹资、采购、生产、销售等环节发生的经济业务会计处理方法、有关的会计法规,掌握会计核算中的编制、审核会计凭证的基本技能。

(5) 实验主要内容。

实验项目1-1 原始凭证的填制:支票的签发、进账单的填制、现金缴款单的填写、收据的填写、银行汇票申请书填写等。

实验项目 1-2 记账凭证的编制:工资业务、缴纳税款业务、借款业务、材料采购业务、固定资产购置业务、生产业务、销售业务、有关费用支出业务等。

(6) 实验要求:能够熟练地运用借贷记账法进行会计处理的基本技能,能够独立完成会计凭证编制、审核的工作。

2. 实验项目 2:会计账簿

(1) 实验类型:综合性实验。

(2) 实验开设属性:必开/选择。

(3) 学时数:6 学时。

(4) 实验目的:通过本次实验,学生应熟悉会计账簿体系、设置和登记,掌握会计核算中账簿的基本内容、设置和登记方法。

(5) 实验主要内容。

实验项目 2-1 日记账的登记:现金日记账、银行存款日记账的开设与登记。

实验项目 2-2 存货明细账的登记:存货业务会计凭证的编制、存货明细账的开设与登记,存货总分类账的开设与登记、总账与所属明细账的核对。

实验项目 2-3* 错账更正。

实验项目 2-4* 记账规则与结账。

实验项目 2-5* 银行存款余额调节表的编制。

注:*为选择性实验项目。

(6) 实验要求:能够熟练地运用借贷记账法进行会计处理的技能,能够独立完成从会计凭证的填制到会计账簿的登记工作。

3. 实验项目 3:财务报表

(1) 实验类型:综合性实验。

(2) 实验开设属性:必开。

(3) 学时数:4 学时。

(4) 实验目的:通过本次实验,学生应掌握科目汇总表账务处理程序,熟悉财务报表种类,初步掌握资产负债表、利润表的结构、基本内容和编制方法。

(5) 实验主要内容。

实验项目 3-1 科目汇总表账务处理程序:编制会计科目汇总表并登记总分类账。

实验项目 3-2 财务报表的编制:资产负债表编制,利润表编制。

(6) 实验要求:能够独立地完成科目汇总表编制、总分类账户的开设与登记、资产负债表和利润表的编制。

实验课时分配表

序号	实验项目名称	实验内容(子目)	实验学时 课内	实验学时 课外	必做/选做	开设地点
1	**实验项目1　会计凭证**		6	4	必做	会计实验室或教室
2	实验项目1-1	原始凭证的填制	2		必做	会计实验室或教室
3	实验项目1-2	记账凭证的填制	4	4	必做	会计实验室或教室
4	**实验项目2　会计账簿**		6	2	必做	会计实验室或教室
5	实验项目2-1	日记账的登记	2		必做	会计实验室或教室
6	实验项目2-2	存货明细账的登记	1	2	必做	会计实验室或教室
7	实验项目2-3	错账更正	1		选做	会计实验室或教室
8	实验项目2-4	记账规则与结账	1		选做	会计实验室
9	实验项目2-5	银行存款余额调节表的编制	1		选做	会计实验室或教室
10	**实验项目3　财务报表**		4	5	必做	会计实验室或教室
11	实验项目3-1	科目汇总表账务处理程序	2	4	必做	会计实验室或教室
12	实验项目3-2	财务报表的编制	2	1	必做	会计实验室或教室
	合计		16	11		

注:(1) 每组人数:可3人一组,按出纳、会计、审核岗位分工,按不同实验项目轮岗。

(2) 实验课时少于16课时,可以适当减少实验项目,建议完成原始凭证和记账凭证编制、科目汇总表账务处理程序和资产负债表、利润表的编制实验项目。

执笔人:　　　　　　　　　　　审核人:

参与讨论人员:

年　　月　　日

实验项目1 会计凭证

实验项目1-1 原始凭证的填制

(一)实验目的

通过实验,学生应掌握原始凭证的基本内容、填制方法及会计凭证传递程序。

(二)实验资料

平湖机械厂2019年1月份发生的有关经济业务如下:

1. 8日,根据本月份工资结算汇总表,从银行提取现金,以备发放工资。签发现金支票一张,金额为103 006.20元。

中国工商银行现金支票存根		中国工商银行 现金支票	10203310 02118721
10203310 02118721			
附加信息	付款期限自出票之日起十天	出票日期(大写)　　年　　月　　日	
		开户行名称 工行平湖市十支行	
		收款人　　　　　出票人账号 6222000059136429530	
出票日期　年　月　日		人民币(大写)	亿千百十万千百十元角分
收款人		用途_____　　　　密码_____	
金额		上列款项从我账户内支付	
用途			
单位主管　　会计		出票人盖章　　　复核　　　记账	

2. 10日,销售产品一批,销售科开出增值税专用发票一式三联。购货方采购员持发票到财务科以转账支票办理货款结算,财会人员收取支票后,当日填写进账单送存银行。

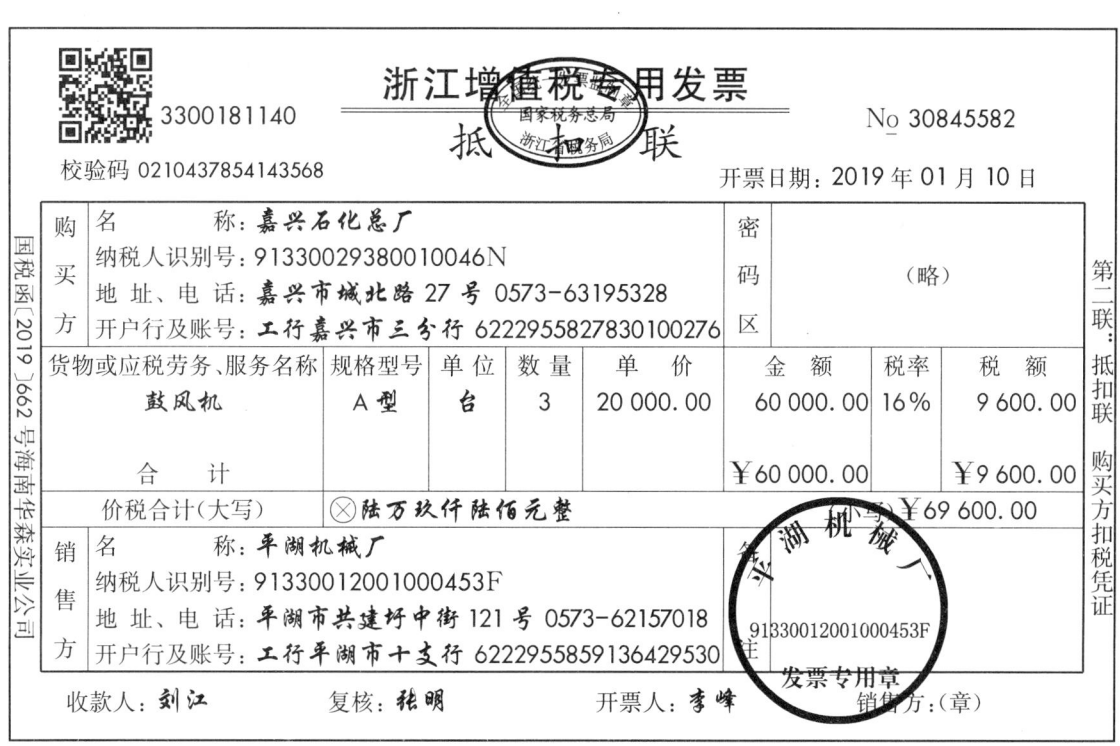

浙江增值税专用发票

3300181140

校验码 0210437854143568

No 30845582

开票日期：2019 年 01 月 10 日

购买方	名　称：嘉兴石化总厂 纳税人识别号：91330029380010046N 地址、电话：嘉兴市城北路 27 号 0573-63195328 开户行及账号：工行嘉兴市三分行 6222955827830100276	密码区	（略）

货物或应税劳务、服务名称	规格型号	单位	数量	单　价	金　额	税率	税　额
鼓风机	A型	台	3	20 000.00	60 000.00	16%	9 600.00
合　计					￥60 000.00		￥9 600.00

价税合计（大写）	⊗陆万玖仟陆佰元整	￥69 600.00

销售方	名　称：平湖机械厂 纳税人识别号：91330012001000453F 地址、电话：平湖市共建圩中街 121 号 0573-62157018 开户行及账号：工行平湖市十支行 6222955859136429530

收款人：刘江　　复核：张明　　开票人：李峰　　销售方：（章）

中国工商银行 转账支票

10203320
02193827

出票日期(大写) 贰零壹玖年零壹月壹拾日　　开户行名称 工行嘉兴市三分行

收款人 平湖机械厂　　签发人账号 6222955827830100276

人民币 (大写)	陆万玖仟陆佰元整	亿	千	百	十万	千	百	十元	角	分
					￥6	9	6	0 0	0	0

付款期限自出票之日起十天

用途　贷款

上列款项请从我账户内支付

出票人盖章

密码 _____

行号 _____

复核　　　　记账

转账支票背面(正联部分)

附加信息:	被背书人	
		(贴粘单处)
	背书人签章	
	年　月　日	

中国工商银行进账单（回单）　1

20　年　月　日

出票人	全　　称		收款人	全　　称	
	账　　号			账号或地址	
	开户银行			开户银行	

金额	人民币（大写）	亿	千	百	十	万	千	百	十	元	角	分

票据种类		票据张数	
票据号码			

复核　　　记账　　　　　　　收款人开户银行签章

此联是开户银行交给持票人的回单

中国工商银行进账单（贷方凭证）　2

20　年　月　日

出票人	全　　称		收款人	全　　称	
	账　　号			账号或地址	
	开户银行			开户银行	

金额	人民币（大写）	亿	千	百	十	万	千	百	十	元	角	分

票据种类		票据张数	
票据号码			

复核　　　记账　　　　　　　复核　　　记账

此联由收款人开户银行作贷方凭证

中国工商银行进账单（收账通知） 3

20 年 月 日

出票人	全 称		收款人	全 称	
	账 号			账号或地址	
	开户银行			开户银行	

金额	人民币(大写)	亿 千 百 十 万 千 百 十 元 角 分

票据种类		票据张数	
票据号码			

复核　　　记账　　　　　收款人开户银行盖章

此联是收款人开户银行给收款人的收账通知

3. 17日，出纳员将多余库存现金2 673元送存银行，填写现金缴款单一张（面值100元25张；面值50元3张；面值10元2张；面值1元3张）。

中国工商银行现金缴款单（回单） ①

20 年 月 日

存款人	全 称		款项来源	
	账 号		交款单位	
	开户银行			

金额人民币(大写)		金额(小写)	亿 千 百 十 万 千 百 十 元 角 分

辅币	券别	伍角	贰角	壹角	伍分	贰分	壹分	收款员：
	张数							复核员：
主币	券别	壹佰元	伍拾元	拾元	伍元	贰元	壹元	
	张数							

第一联：由银行盖章后退回单位

中国工商银行现金缴款单（贷方凭证） ②

20 年 月 日

存款人	全 称		款项来源	
	账 号		交款单位	
	开户银行			

金额人民币（大写）		金额（小写）	亿千百十万千百十元角分

辅币	券别	伍角	贰角	壹角	伍分	贰分	壹分	收款员：
	张数							复核员：

主币	券别	壹佰元	伍拾元	拾元	伍元	贰元	壹元
	张数						

第二联：收款人开户银行作贷方凭证

中国工商银行现金缴款单（出纳留存） ③

20 年 月 日

存款人	全 称		款项来源	
	账 号		交款单位	
	开户银行			

金额人民币（大写）		金额（小写）	亿千百十万千百十元角分

辅币	券别	伍角	贰角	壹角	伍分	贰分	壹分	收款员：
	张数							复核员：

主币	券别	壹佰元	伍拾元	拾元	伍元	贰元	壹元
	张数						

第三联：出纳留存

4. 20日，采购员向荣报销差旅费，原借款4 000元，余款退回，由出纳收回余款后开具收据。

差旅费报销单

单位：　　　　　　　　　　2019 年 01 月 20 日

出发地				到达地				公出补助			车船飞机费	卧铺费	宿费	市内车费	邮电费	其他	合计金额
月	日	时	地点	月	日	时	地点	天数	标准	金额							
01	09		平湖	01	09		重庆	4	35	140.00	1 340.00		800.00	40.00	10.00	90.00	2 420.00
01	14		重庆	01	14		平湖				1 390.00						1 390.00
																￥3 810.00	

附件 10 张

合计人民币(大写) **叁仟捌佰壹拾元整**

备　注

单位领导：**李大庆**　　　财会主管：**夏才江**　　　公出人姓名：**向荣**　　　审核人：**王飞**

注：住宿发票等为增值税普通发票。附件"略"。

浙江省统一收款收据
收 据 联

开票日期：＿＿＿＿年＿＿月＿＿日　　　收据代码：233000800213
　　　　　　　　　　　　　　　　　　　收据号码：00605561

缴款单位或个人		
款项内容	收款方式	
人民币大写		￥＿＿＿＿＿
收款单位盖章	收款人签章	备注

第一联：收据联

浙江省统一收款收据
记 账 联

开票日期：＿＿＿＿年＿＿月＿＿日　　　收据代码：233000800213
　　　　　　　　　　　　　　　　　　　收据号码：00605561

缴款单位或个人		
款项内容	收款方式	
人民币大写		￥＿＿＿＿＿
收款单位盖章	收款人签章	备注

第二联：记账联

浙江省统一收款收据
存根联

收据代码：233000800213
收据号码：00660561

开票日期：_____年___月___日

缴款单位或个人			
款项内容		收款方式	
人民币大写			￥_____
收款单位盖章		收款人签章	备注

第三联：存根联

5. 23日，开出汇票申请书办理银行汇票70 000元，用于向杭州金属材料厂的采购业务，杭州金属材料厂厂址为杭州解放路78号，开户银行为杭州工商银行解放路分理处，账号为21132200。

中国工商银行
INDUSTRIAL AND COMMERCIAL BANK OF CHINA

业务委托书（记账凭证）
APPLICATION FOR MONEY TRANSFER

日期 Date　　年 Y　　月 M　　日 D　　浙 30535057

业务类型 Type	□ 电汇 T/T　　□ 信汇 M/T　　□ 汇票申请书 D/D　　□ 本票申请书 Promissory Note 其他 Others _____		
汇款人 Applicant	全　称 Full Name	收款人 Payee	全　称 Full Name
	账号或地址 A/C No. or Address		账号或地址 A/C No. or Address
	开户银行 A/C Bank		开户银行 A/C Bank
金额(大写) Amount in Words			亿 千 百 十 万 千 百 十 元 角 分
密码 S.C.	加急汇款签字 Signature for Express Payment	上列款项及相关费用请从我账户内支付。 The above remittance and related charges are to be drawn on my account.	
用途 In Payment of			
备注 Remarks		客户签章：　　　　　　　　　　年　　月　　日	

第一联：记账联

事后监督：　　　　　会计主管：　　　　　复核：　　　　　记账：

中国工商银行 业务委托书（备查联）

INDUSTRIAL AND COMMERCIAL BANK OF CHINA APPLICATION FOR MONEY TRANSFER

日期 Date　　年 Y　　月 M　　日 D　　浙 30535057

业务类型 Type	□ 电汇 T/T　　□ 信汇 M/T　　□ 汇票申请书 D/D　　□ 本票申请书 Promissory Note 其他 Others _____

汇款人 Applicant	全　称 Full Name		收款人 Payee	全　称 Full Name	
	账号或地址 A/C No. or Address			账号或地址 A/C No. or Address	
	开户银行 A/C Bank			开户银行 A/C Bank	

金额（大写）Amount in Words	亿 千 百 十 万 千 百 十 元 角 分

密码 S.C.		加急汇款签字 Signature for Express Payment	
用途 In Payment of			

转账日期：　　年　　月　　日

事后监督：　　会计主管：　　复核：　　记账：

第二联：备查联

中国工商银行 业务委托书（回单）

INDUSTRIAL AND COMMERCIAL BANK OF CHINA APPLICATION FOR MONEY TRANSFER

日期 Date　　年 Y　　月 M　　日 D　　浙 30535057

业务类型 Type	□ 电汇 T/T　　□ 信汇 M/T　　□ 汇票申请书 D/D　　□ 本票申请书 Promissory Note 其他 Others _____

汇款人 Applicant	全　称 Full Name		收款人 Payee	全　称 Full Name	
	账号或地址 A/C No. or Address			账号或地址 A/C No. or Address	
	开户银行 A/C Bank			开户银行 A/C Bank	

金额（大写）Amount in Words	亿 千 百 十 万 千 百 十 元 角 分

密码 S.C.		加急汇款签字 Signature for Express Payment	付出行签章
用途 In Payment of			

单位主管：　　会计：　　复核：　　记账：

事后监督：　　会计主管：　　复核：　　记账：

第三联：回单联

(三) 实验要求

1. 根据上述经济业务填制和审核有关原始凭证。
2. 说明各项经济业务中会计凭证传递的程序。

(四) 实验程序

1. 对实验中涉及的银行结算方式、增值税等内容，初级会计学中涉及较少，指导教师应予以简要介绍。
2. 实验资料列示了5项经济业务的相关原始凭证。实验中要求学生正确填制原始凭证，辨别各联凭证的不同用途，使学生了解各项业务中会计凭证传递的一般程序。

实验项目 1-2　记账凭证的填制

(一) 实验目的

通过实验，学生应了解各种不同经济业务应填制或取得的原始凭证，熟悉原始凭证的审核要求，掌握记账凭证的填制方法。

(二) 实验资料

平湖机械厂2019年2月21～28日发生的部分经济业务及其原始凭证如下。

1. 21日，开出转账支票支付职工工资154 200元，工资明细表从略。

2. 21日，缴纳增值税110 800元。

中华人民共和国
税收电子转账专用完税凭证 (032)浙国电 No.21876329

填发日期：2019 年 02 月 21 日

税务登记证代码	91330012001000453F	征收机关	平湖市国家税务局经济开发区分局
纳税人全称	平湖机械厂	收款银行	工行平湖市十支行

税(费)种	级 次	税款所属时期	实缴金额
增值税	中央75% 地市25%	2019.01～2019.01.31	￥110 800.00
金额合计	(大写)壹拾壹万零捌佰元整		￥110 800.00
（浙江省税务局 征税专用章）	收款银行（盖章）	经手人（盖章）	备注：转讫 中国工商银行 平湖市十支行 2019-02-21 电子税票号 300006000029836854

此联交纳税人作完税凭证

3. 21日，向银行借款，存入银行存款户。

借款借据（代收账通知）

贷出日期 2019 年 02 月 21 日

借款单位	平湖机械厂	借款户账号	
		存款户账号	6222955859136429530

人民币(大写) 叁拾万元整　　　亿万千百十万千百十元角分
　　　　　　　　　　　　　　　　￥3 0 0 0 0 0 0 0

借款种类	短期	约定还款日	2019 年 04 月 30 日	利率	10%
实 际	购货	展期到期日	年 月 日	利率	

借款单位预留财务专用章及法人代表签章	专用章 厂财务章 平湖机械 代表章 法人	担保单位户名	中国工商银行 平湖市十支行 2019-02-21 转讫	担保单位公章
		担保单位账号		担保单位法人代表章
		担保单位开户银行		记账

行长：令誉　　　　科(处)长：黄杰　　　　信贷员：丁唯一

第四联：借款借据

4. 21日，购入运输卡车，已交付使用（其他费用从略）。

5. 21日，提取现金，以备零星使用。

6. 21日，开出转账支票支付电话费。

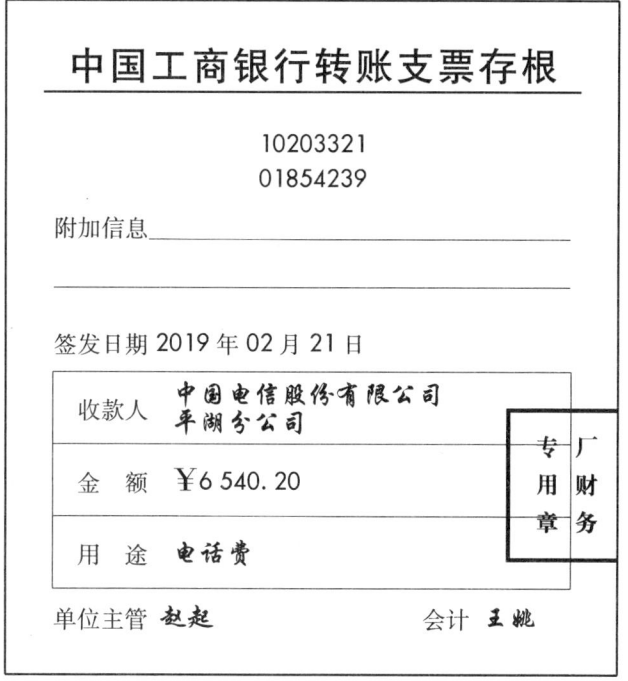

7. 22日，以现金购买办公用品。

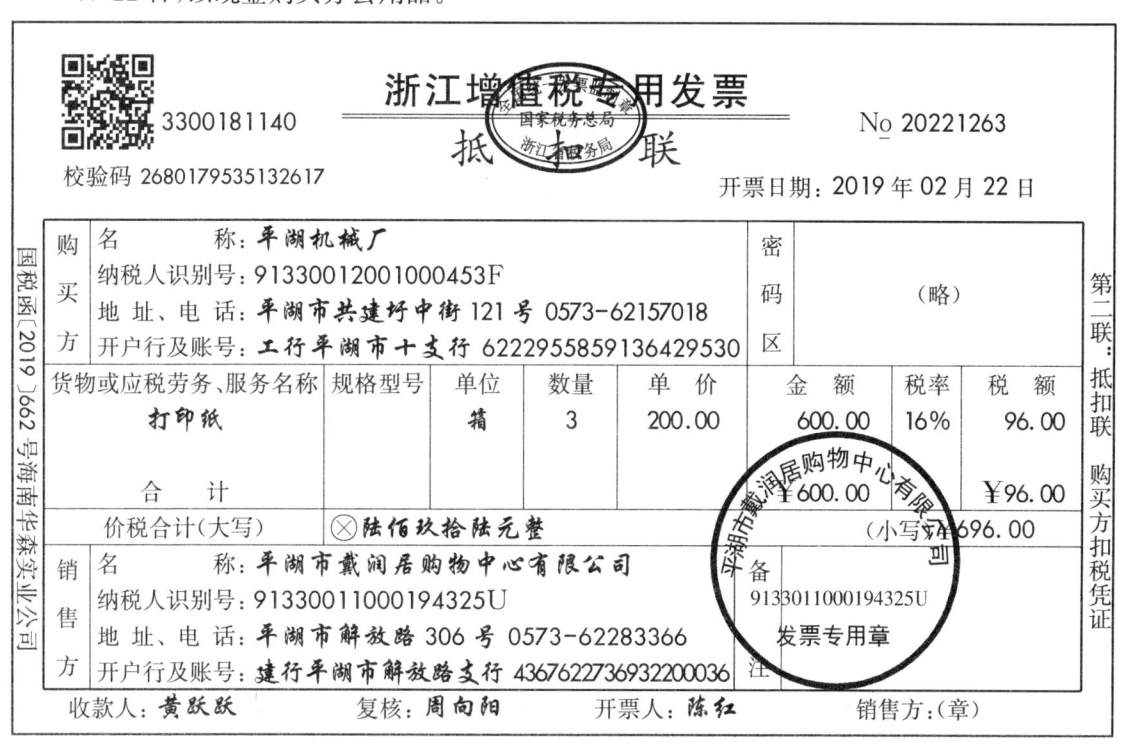

浙江增值税专用发票

8. 22日，购入材料，验收入库。

浙江增值税专用发票

3300181140
校验码 3519274832164518

发票联

No 00846827
开票日期：2019 年 02 月 22 日

购买方	名　　称：平湖机械厂 纳税人识别号：91330012001000453F 地　址、电　话：平湖市共建圩中街 121 号 0573-62157018 开户行及账号：工行平湖市十支行 6222955859136429530	密码区	（略）

货物或应税劳务名称	规格型号	单位	数量	单价	金额	税率	税额
钢管	φ20	千克	13 000	3.846 153 8	50 000.00	16%	8 000.00
合　计					￥50 000.00		￥8 000.00

价税合计（大写）	⊗伍万捌仟元整	￥58 000.00

销售方	名　　称：平湖钢材厂 纳税人识别号：91330011735603112N 地　址、电　话：平湖市当湖路 79 号 0573-62017878 开户行及账号：嘉兴市商业银行平湖支行 31333508211000010	备注	91330011735603112N 发票专用章

收款人：杨利光　　复核：方琴　　开票人：周云囡　　销售方：（章）

第三联：发票联　购买方记账凭证

材料入库通知单

平湖机械厂　　　　2019 年 02 月 22 日　　　　No. 64372

材料名称	材质	规格	单位	数量 凭证	数量 实收	单价	金额	运杂费	金额合计	发货单位
钢管		φ20	千克	1	13 000	3.846 153 8	50 000.00		50 000.00	
										合同号
合计									￥50 000.00	

财务主管：赵起　　供应科长：姚兵　　仓库验收：杨宇峰　　采购员：牛娃

第二联：记账联

9. 22日，银行结算一季度银行贷款利息（企业已预提）。

中国工商银行特种转账传票

2019 年 02 月 22 日

收款人	全称	利息收入			付款人	全称	平湖机械厂	
	账号或地址					账号或地址	6222955859136429530	
	开户银行	工行平湖市十支行	行号	022		开户银行	工行	行号 022

金额	人民币（大写）	贰万叁仟元整	百 十 万 千 百 十 元 角 分 ¥ 2 3 0 0 0 0 0

原凭证金额		赔偿金	中国工商银行平湖市十支行 2019-02-22 转讫	借方科目	
原凭证名称		号 码		贷方科目	
转账原因		银行盖章		会计 复核 记账 制票	

（企业入账联）

浙江增值税普通发票

033001803204
发票联
No 02034021

校验码 0371251638145710
开票日期：2019 年 02 月 22 日

购买方	名 称：平湖市机械厂
	纳税人识别号：91330012001000453F
	地址、电话：平湖市共建圩中街 121 号 0573-62157018
	开户行及账号：嘉兴市工行平湖十支行 6222955859134629530

密码区：（略）

货物或应税劳务、服务名称	规格型号	单位	数量	单价	金额	税率	税额
*金融服务*贷款服务					21 698.11	6%	1 301.89
合 计					¥21 698.11		¥1 301.89

价税合计（大写） ⊗贰万叁仟元整   （小写）¥23 000.00

销售方	名 称：中国工商银行股份有限公司平湖十支行
	纳税人识别号：913305018727151251
	地址、电话：平湖市中山路 113 号 0573-62062305
	开户行及账号：中国工商银行股份有限公司平湖十支行 6222955815811005362

收款人：刘洋   复核人：陈玲   开票人：唐闰红   销售方：（章）

第三联：发票联 销售方记账凭证

10. 23 日，销售产品，并办妥托收手续。

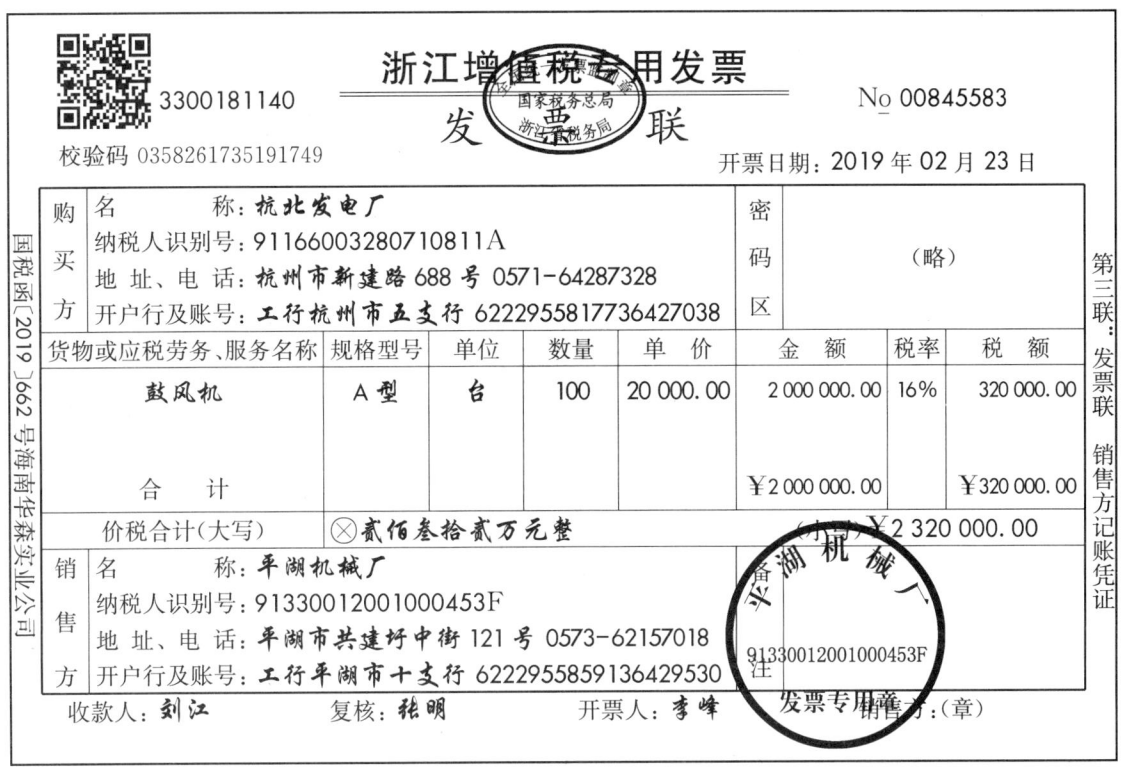

11. 24日，销售废钢一批，货款未收。

12. 25日，偿还购料款。

13. 25日，支付广告费。

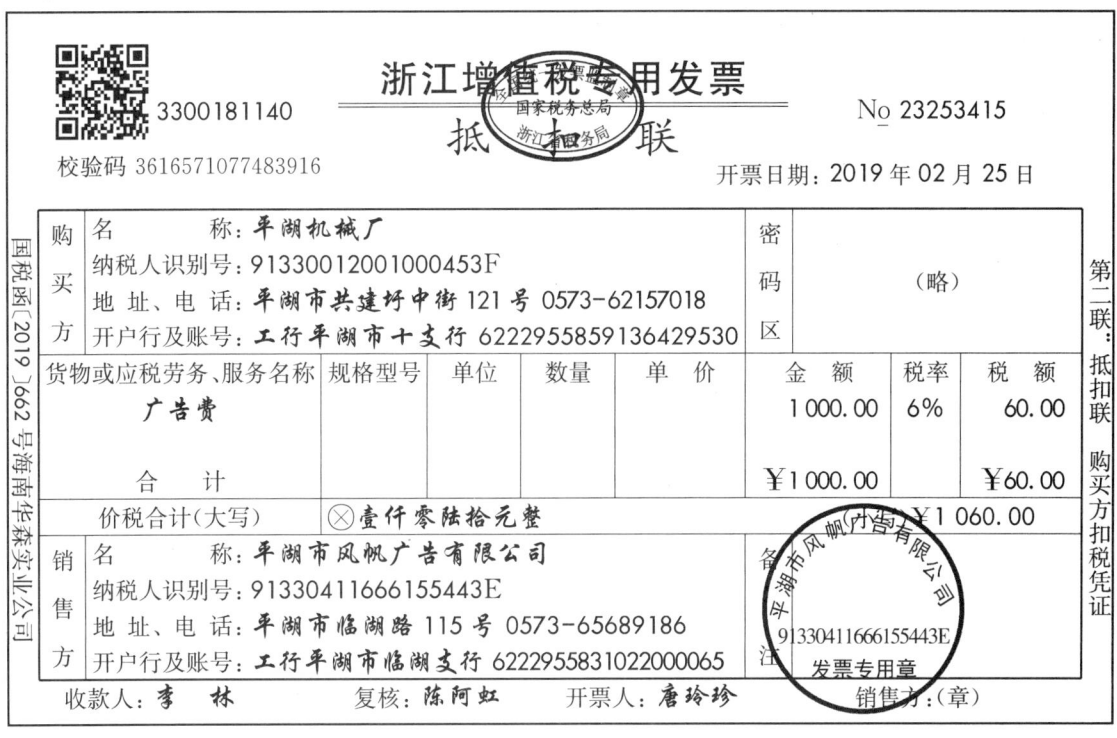

中国工商银行转账支票存根

10203321
01854241

附加信息 _____

_____

_____

签发日期 2019 年 02 月 25 日

收款人	平湖市风帆广告有限公司
金　额	￥1060.00
用　途	广告费

单位主管　赵起　　　　　会计　王姚

14. 26日，职工归还借款。

15. 26日,购入材料并验收入库,货款未付。

材料入库通知单

平湖机械厂　　　　　2019 年 02 月 26 日　　　　　No.64373

材料名称	材质	规格	单位	数量凭证	数量实收	单价	金额	运杂费	金额合计	发货单位	合同号
线材		φ10mm	吨		30	2 000.00	60 000.00		60 000.00	宁波钢材厂	J37
合计											

第二联：记账联

财务主管：赵起　　供应科长：姚兵　　仓库验收：陆毅　　采购员：牛娃

16. 28日，收回销货款。

托 收 凭 证（汇款依据或收账通知）　　4

付款期限　　年　月　日

委托日期 2019 年 02 月 23 日

业务类型	委托收款（□邮划、□电划）　托收承付（☑邮划、□电划）														
付款人	全称	杭北发电厂					收款人	全称	平湖机械厂						
	账号	6222955817736427038						账号	6222955859136429530						
	地址	浙江省杭州	市县	开户行	工行杭州市五支行			地址	浙江省平湖	市县	开户行	工行平湖市十支行		
金额	人民币（大写）	贰佰叁拾贰万元整					亿	千	百	十	万	千	百	十	元	角	分
								¥	2	3	2	0	0	0	0	0	0
款项内容	货款	托收凭据名称	托收承付				附寄单证张数			4				
商品发运情况		铁路运输	合同名称号码					W-339					
备注：		上列款项已划回收入你方账户内。								中国工商银行平湖市十支行　2019-02-28　收妥抵用					
		复核　　记账				年　月　日								

此联付款人开户行凭以汇款或收款人开户行作收账通知

10×17.5cm（白纸紫油墨）

17. 28日,结转本月发出材料成本。

平湖机械厂发料凭证汇总表

2019 年 02 月 28 日　　　　　　　　　　　　　　　　　　编号 09

日期	领料单张数	贷方科目	借方科目				
			生产成本	制造费用	管理费用	其他业务成本	合计
01～10日	10	原材料	500 000.00	4 000.00	4 000.00		508 000.00
11～20日	12	原材料	460 000.00	2 000.00			462 000.00
21～28日	7	原材料	631 400.00	1 000.00		1 800.00	634 200.00
			其中: 鼓风机 1 030 000.00 散热器 561 400.00				
合　计			1 591 400.00	7 000.00	4 000.00	1 800.00	1 604 200.00

会计主管:赵起　　　记账:王姚　　　审核:齐鲁　　　填制:丁敏

18. 28日,结转工资费用。

工资费用分配汇总表

2019 年 02 月 28 日　　　　　　　　　　　　　　　单位:元

车　间　部　门		应分配金额
车间生产人员工资	生产鼓风机工人	120 000.00
	生产散热器工人	80 000.00
	小　计	200 000.00
车间管理人员工资		16 400.00
厂部管理人员工资		14 800.00
合　计		231 200.00

主管:赵起　　　审核:齐鲁　　　制表:王姚

19. 28日,计提固定资产折旧费用。

固定资产折旧计算表

2019 年 02 月 28 日　　　　　　　　　　　　　　　　　　　　　　单位:元

使用单位部门	上月固定资产折旧额	上月增加固定资产应计提折旧额	上月减少固定资产应计提折旧额	本月应计提的折旧额
生产车间	76 000.00	2 000.00		78 000.00
厂　部	26 000.00		1 000.00	25 000.00
合　计	102 000.00	2 000.00	1 000.00	103 000.00

主管:赵起　　　　　　审核:齐鲁　　　　　　制表:王姚

20. 28日,预提本月费用。

借款利息计提表

2019 年 02 月 28 日　　　　　　　　　　　　　　　　　　　　　　单位:元

车间、部门＼项目	短期借款利息		合　计
企业管理部门	10 000.00		10 000.00
合　计	10 000.00		10 000.00

主管:赵起　　　　　　审核:齐鲁　　　　　　制表:王姚

21. 28日,摊销本月无形资产。

无形资产摊销计算

2019 年 02 月 28 日　　　　　　　　　　　　　　　金额单位:元

科目＼项目	专利权(专用于生产)			商标权		
	实际支付	分摊期(月)	本期分摊	实际支付	分摊期(月)	本期分摊
制造费用	1 332 000.00	120	11 100.00			
管理费用				252 000.00	60	4 200.00
合　计	1 332 000.00		11 100.00	252 000.00		4 200.00

主管:赵起　　　　　　　　审核:齐鲁　　　　　　　　制表:王姚

22. 28日,结转本月制造费用入生产成本(本月1～20日发生的制造费用为121 360元,制造费用金额请借记"制造费用"账户)。

23. 28日,结转生产完工验收入库产品成本。

完工产品成本计算表

2019 年 02 月 28 日　　　　　　　　　　　　　　　金额单位:元

成本项目	散热器(400 台)		鼓风机(100 台)	
	总成本	单位成本	总成本	单位成本
直接材料	420 000.00	1 050.00	960 000.00	9 600.00
直接人工	100 000.00	250.00	144 000.00	1 440.00
其他直接支出				
制造费用	224 000.00	560.00	276 000.00	2 760.00
合　计	744 000.00	1 860.00	1 380 000.00	13 800.00

主管:赵起　　　　　　　　审核:齐鲁　　　　　　　　制表:王姚

24. 28日,结转本月销售成本。

平湖机械厂产品出库单

收货单位　　　　　　　2019年02月28日　　　　　　　金额单位:元

货　号	名称及规格	单　位	数　量	单位成本	金　额	备　注
A型	鼓风机	台	120	14 870.00	1 784 400.00	
V型	散热器	台	300	1 880.00	564 000.00	
	合　计				2 348 400.00	

主管:赵起　　　　　　　　审核:齐鲁　　　　　　　　制表:王姚

已销产品成本计算表

2019年02月28日　　　　　　　　　　　金额单位:元

产品名称	计量单位	月初结存		本月入库		本月销售	
		数量	总成本	数量	总成本	数量	总成本
A型鼓风机	台	254	3 759 200.00	100	1 380 000.00	120	1 784 400.00
V型散热器	台	530	1 007 000.00	400	744 000.00	300	564 000.00
合　计			4 766 200.00		2 124 000.00		2 348 400.00

主管:赵起　　　　　　　　审核:齐鲁　　　　　　　　制表:王姚

25. 28日,本月计提城市维护建设税4 046.69元,教育费附加2 428.01元(计算表略)。

26. 28日,将损益类账户本月发生额结转至"本年利润"账户。

(三) 实验要求

1. 根据各项经济业务的原始凭证,分别填制记账凭证。
2. 将填制的记账凭证及所附原始凭证装订成册。

(四) 实验设计

1. 在填制记账凭证之前,应根据原始凭证熟悉各项经济业务的发生情况,明确记账凭证各项目应填写的内容。

2. 截至2月20日,各类记账凭证的编号分别为:现收30号,银收47号,现付26号,银付52号,转字36号。

3. 本项实验需收款凭证3张,付款凭证10张,转账凭证15张,会计凭证装订封皮1张。

实验项目2　会计账簿

实验项目2-1　日记账的登记

(一) 实验目的

通过实验,学生应掌握三栏式现金日记账、银行存款日记账的登记方法。

(二) 实验资料

1. 平湖机械厂2019年2月1～20日现金日记账、银行存款日记账登记汇总情况。
2. 2019年2月21～28日发生的有关经济业务及其原始凭证、记账凭证见第一章第二节。
3. 现金、银行存款日记账2月1日至2月20日的账面记录如下:
(1) 现金日记账:借方4 800.00,贷方7 600.00,余额3 000.00。
(2) 银行存款日记账:借方1 023 320.00,贷方2 151 000.00,余额1 265 600.00。

(三) 实验要求

根据实验项目1-2编制的有关收、付款凭证,逐日逐笔登记现金日记账和银行存款日记账,并进行结账。

(四) 实验程序

1. 登记账簿前要求对编制的收、付款凭证进行审核,以确保账簿登记的准确性。
2. 登记账簿时应明确账簿登记的基本要求,做到按规则登记账簿。
3. 本项实验需开设现金日记账、银行存款日记账,并将2月1～20日汇总资料抄写到相应的日记账上,作为"承前页"的信息。

实验项目2-2　存货明细账的登记

(一) 实验目的

通过实验,学生应掌握永续盘存制下存货明细账的登记方法,明确总分类账户与所属明细分类账户之间的关系。

(二) 实验资料

平湖机械厂对材料采用永续盘存制,按实际成本计价核算,发出材料成本按先进先出法计

算。材料按品种设置明细账。

1. 2019年3月,平湖机械厂原材料总分类账月初余额为1 420 000元,其中线材、钢板、三通阀三种材料明细分类账户的期初余额情况如下(假设该厂3月初库存仅有三种材料):

"原材料"明细分类账户期初余额表

2019年03月01日　　　　　　　　　　　　　金额单位:元

品　名	计量单位	规　格	数　量	单　价	金　额
线　材	吨	#12	200	4 700.00	940 000.00
钢　板	吨	25mm	48	9 000.00	432 000.00
三通阀	个	D26型	2 000	24.00	48 000.00
合　计	—			—	1 420 000.00

2. 2019年3月,平湖机械厂材料收发情况的原始凭证如下:

(1) 3日,生产散热器领用线材120吨。

领　料　单

领料单位:　生产车间
用　　途:　生产散热器　　　　2019年03月03日　　　　　　　　　No.46385

材料类别	材料编号	材料名称及规格	计量单位	数量 请领	数量 实领	单价	金额
原料及主要材料		#12线材	吨	120	120		
合　计							

记账:王姚　　　发料:陆毅　　　领料部门负责人:姚兵　　　领料:史专

第二联:记账联

(2) 7~10日,购入钢板,验收入库,支付货款。

实验项目2 会计账簿

浙江增值税专用发票 抵扣联

3300181140
校验码 6210534345191975
No 03193766
开票日期：2019 年 03 月 07 日

购买方	名　　称：平湖机械厂 纳税人识别号：91330012001000453F 地址、电话：平湖市共建圩中街121号 0573-62157018 开户行及账号：工行平湖市十支行 6222955859136429530	密码区	（略）

货物或应税劳务、服务名称	规格型号	单位	数量	单价	金　额	税率	税　额
钢板	25mm	吨	16	8 000.00	128 000.00	16%	20 480.00
合　计					￥128 000.00		￥20 480.00

价税合计（大写）	⊗ 壹拾肆万捌仟肆佰捌拾元整	（小写）￥148 480.00

销售方	名　　称：宁波钢材厂 纳税人识别号：91310082670009310H 地址、电话：宁波市海宁路3号 0574-37261248 开户行及账号：工行宁波市分行 6229955837036487553	备注	（宁波钢材厂发票专用章）

收款人：贾川　　复核：　　开票人：杨玲　　销售方：（章）

第二联：抵扣联　购买方扣税凭证

国税函〔2019〕662号海南华森实业公司

浙江增值税专用发票 发票联

3300181140
校验码 6210534345191975
No 03193766
开票日期：2019 年 03 月 07 日

购买方	名　　称：平湖机械厂 纳税人识别号：91330012001000453F 地址、电话：平湖市共建圩中街121号 0573-2157018 开户行及账号：工行平湖市十支行 6229955859136429530	密码区	（略）

货物或应税劳务、服务名称	规格型号	单位	数量	单价	金　额	税率	税　额
钢板	25mm	吨	16	8 000.00	128 000.00	16%	20 480.00
合　计					￥128 000.00		￥20 480.00

价税合计（大写）	⊗ 壹拾肆万捌仟肆佰捌拾元整	（小写）￥148 480.00

销售方	名　　称：宁波钢材厂 纳税人识别号：91310082670009310H 地址、电话：宁波市海宁路3号 0574-37261248 开户行及账号：工行宁波市分行 6229955837036487553	备注	（宁波钢材厂发票专用章）

收款人：贾川　　复核：　　开票人：杨玲　　销售方：（章）

第三联：发票联　购买方记账凭证

国税函〔2019〕662号海南华森实业公司

浙江增值税专用发票 抵扣联

No 22105324

3300181140
校验码 5438261637591492
开票日期：2019 年 03 月 07 日

购买方	名　称：平湖机械厂
	纳税人识别号：91330012001000453F
	地址、电话：平湖市共建圩中街 121 号 0573-62157018
	开户行及账号：工行平湖市十支行 6222955859136429530

密码区　（略）

货物或应税劳务、服务名称	规格型号	单位	数量	单价	金额	税率	税额
运费					1 200.00	10%	120.00
装卸费					400.00	6%	24.00
合　计					¥1 600.00		¥144.00

价税合计（大写）　⊗壹仟柒佰肆拾肆元整　　（小写）¥1 744.00

销售方	名　称：宁波市恒通货物运输有限公司
	纳税人识别号：91330503085611186A
	地址、电话：宁波市海宁路 3 号 0574-20568001
	开户行及账号：建行宁波市海宁路分行 4367622722022000213

备注：起运地：宁波市海宁路
到达地：平湖市中街 121 号平湖机械厂
运输货物：钢板
车种车号：黄河汽车,浙 B138MB

收款人：吴云飞　　复核人：周芳　　开票人：邓志珍　　销售方：（章）

浙江增值税专用发票 发票联

No 22105324

3300181140
校验码 5438261637591492
开票日期：2019 年 03 月 07 日

购买方	名　称：平湖机械厂
	纳税人识别号：91330012001000453F
	地址、电话：平湖市共建圩中街 121 号 0573-62157018
	开户行及账号：工行平湖市十支行 6222955859136429530

密码区　（略）

货物或应税劳务、服务名称	规格型号	单位	数量	单价	金额	税率	税额
运费					1 200.00	10%	120.00
装卸费					400.00	6%	24.00
合　计					¥1 600.00		¥144.00

价税合计（大写）　⊗壹仟柒佰肆拾肆元整　　（小写）¥1 744.00

销售方	名　称：宁波市恒通货物运输有限公司
	纳税人识别号：91330503085611186A
	地址、电话：宁波市海宁路 3 号 0574-20568001
	开户行及账号：建行宁波市海宁路分行 4367622722022000213

备注：起运地：宁波市海宁路
到达地：平湖市中街 121 号平湖机械厂
运输货物：钢板
车种车号：黄河汽车,浙 B138MB

收款人：吴云飞　　复核人：周芳　　开票人：邓志珍　　销售方：（章）

材料入库通知单

平湖机械厂　　　　　2019 年 03 月 07 日　　　　　No.72677

材料名称	材质	规格	单位	数量 凭证	数量 实收	单价	金额	运杂费	金额合计	发货单位
钢板		25mm	吨	16	16	8 000.00	128 000.00	1 600.00	129 600.00	
									合同号	
合计									￥129 600.00	

财务主管：赵起　　供应科长：姚兵　　仓库验收：陆毅　　采购员：牛娃

第二联：记账联

中国工商银行电汇凭证（回单）

委托日期 2019 年 03 月 10 日

	全称	宁波钢材厂		全称	平湖机械厂
收款人	账号地址	6222955837036487553	付款人	账号地址	6222955859136429530
	汇入地点	浙江省宁波市		汇出地点	平湖市
	汇入行名行	工行宁波市分行		汇出行名称	工行平湖市十支行

汇款金额	人民币（大写）壹拾伍万零贰佰肆拾肆元整	百十万千百十元角分 ￥150244 00

汇款用途　购货款

上列款项已根据委托办理，如需查询，请持此回单来行面洽

汇出行盖章：中国工商银行 平湖市十支行 2019-03-10 转讫　2019 年 03 月 10 日

此联汇款人开户行给付款人的回单

(3) 17 日，购入线材，验收入库，并支付货款。

实验项目2 会计账簿

托 收 凭 证 （付款通知） 5

付款期限　年　月　日

委托日期 2019 年 03 月 12 日

业务类型	委托收款（□邮划、□电划）　托收承付（☑邮划、□电划）				
付款人	全称	平湖机械厂	收款人	全称	上海钢材厂
	账号	6222955859136429530		账号	6222955836020873492
	地址	浙江省平湖市县	开户行	工行平湖市十支行	
			地址	上海市县	开户行 工行上海市七分行
金额	人民币（大写）	伍拾叁万伍仟贰佰贰拾肆元整	亿千百十万千百十元角分 ¥ 5 3 5 2 2 4 0 0		
款项内容	货款	托收凭据名称	托收承付	附寄单证张数	5
商品发运情况		汽运	合同名称号码	OJF 10-22	

备注：
付款人开户银行收到日期
年　月　日
复核　记账

（中国工商银行 平湖市十支行 2019-03-17 支款通知）
付款人开户银行签章
年　月　日

付款人注意：
1. 根据支付结算办法，上列委托收款（托收承付）款项在付款期限内未提出拒付，即视为同意付款，以此代付款通知。
2. 如需提出全部或部分拒付，应在规定期限内，将拒付理由书并附债务证明退交开户银行。

此联付款人开户银行给付款人按期付款通知

10×17.5cm（白纸绿油墨）

材料入库通知单

平湖机械厂　　　　2019 年 03 月 17 日　　　　No.72678

材料名称	材质	规格	单位	数量 凭证	数量 实收	单价	金额	运杂费	金额合计	发货单位	合同号
线材		♯12	吨	100	100	4 614.00	461 400.00	0	461 400.00	上海钢材厂	10-22

第二联：记账联

财务主管：赵起　　供应科长：姚兵　　仓库验收：陆毅　　采购员：牛娃

（4）20日，生产鼓风机领用钢板。

领 料 单

领料单位：生产车间
用　　途：生产鼓风机　　　　2019 年 03 月 20 日　　　　No.91726

材料类别	材料编号	材料名称及规格	计量单位	数量		单价	金额
				请领	实领		
原料及主要材料		25mm 钢板	吨	50	50		
合　计							

记账：王姚　　　发料：陆毅　　　领料部门负责人：姚兵　　　领料：史青

（5）24日，购入三通阀，验收入库。

(6) 27日，生产散热器领用三通阀。

(三) 实验程序

1. 根据有关原始凭证分别编制记账凭证。
2. 根据记账凭证及收发料原始凭证登记"原材料"总分类账户及所属明细分类账户,并进行期末结账。
3. 检查"原材料"总分类账户与所属明细分类账户是否相符。

(四) 实验设计

1. 材料按实际成本计价核算。
2. 原材料总分类账户根据记账凭证逐笔登记,明细分类账户根据记账凭证及原始凭证逐笔登记。
3. 本实验需付款凭证2张,转账凭证6张;三栏式账页1张,数量金额式账页3张。

(五) 参考答案

线材 837 400 元;钢板 113 400 元;三通阀 13 200 元。

实验项目 2-3　错账更正

(一) 实验目的

通过实验,学生应掌握错账更正方法。

(二) 实验资料

平湖服装厂 2019 年 4 月份"管理费用"总分类账户登记情况见第 89 页;该月经济业务的原始凭证及其记账凭证填制情况如下。

1. 12 日,支付 4 月份厂房房租。

付款凭证

贷方科目:银行存款　　2019年04月12日　　银付字17号

摘要	借方科目		金额	记账
	总账科目	明细科目	百十万千百十元角分	
支付4月份厂房房租	管理费用	房租	1 2 0 0 0 0	
	应交税费	应交增值税	1 2 0 0 0	附件2张
合计金额		转账付讫	¥1 3 2 0 0 0	

会计主管:　　记账:王姚　　稽核:张瑞丽　　出纳:刘汇　　制单:王锐　　领款:

浙江增值税专用发票

No 23255022

3300181140

校验码 3212636354192768

开票日期：2019 年 04 月 12 日

购买方	名称：平湖服装厂
	纳税人识别号：91330407646489478F
	地址、电话：平湖市海旺路 653 号 0573-62111126
	开户行及账号：工行平湖市中山支行 6222955882022000056

密码区：（略）

货物或应税劳务、服务名称	规格型号	单位	数量	单价	金额	税率	税额
房租（厂房）					1 200.00	10%	120.00
合计					¥1 200.00		¥120.00

价税合计（大写）	⊗ 壹仟叁佰贰拾元整	（小写）¥1 320.00

销售方	名称：平湖市经济开发区投资有限公司
	纳税人识别号：91330401156880538Y
	地址、电话：平湖市平湖大道 83 号 0573-60568221
	开户行及账号：建行平湖市平湖大道支行 43676227200320000613

备注：发票专用章

收款人：吴丰凤　　复核人：周林芳　　开票人：任凤珍　　销售方：（章）

第三联：发票联　购买方记账凭证

国税函〔2019〕662 号海南华森实业公司

中国工商银行转账支票存根

10203321
01854251

附加信息 _____

签发日期 2019 年 04 月 12 日

收款人	平湖市经济开发区投资有限公司
金额	¥1 320.00
用途	房租

专用章　厂财务

单位主管 赵起　　　　会计 王姚

2. 19日,用现金支付餐费。

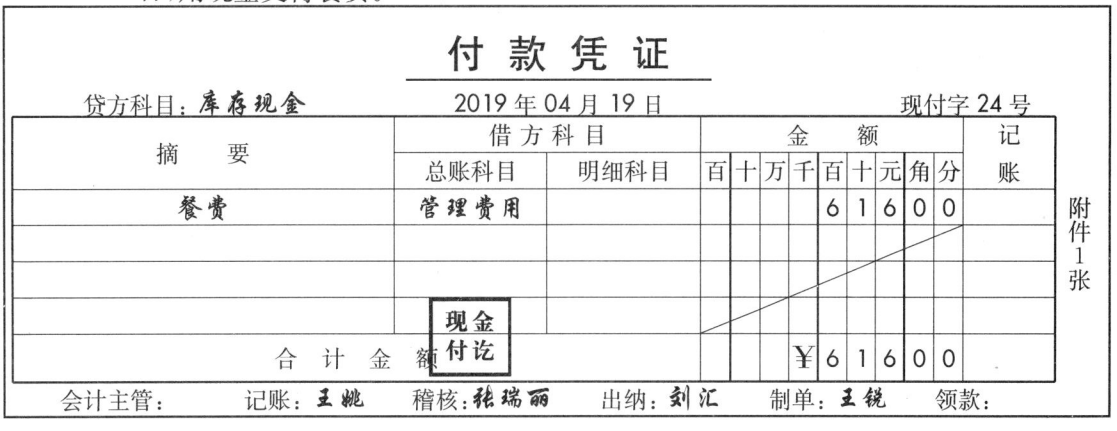

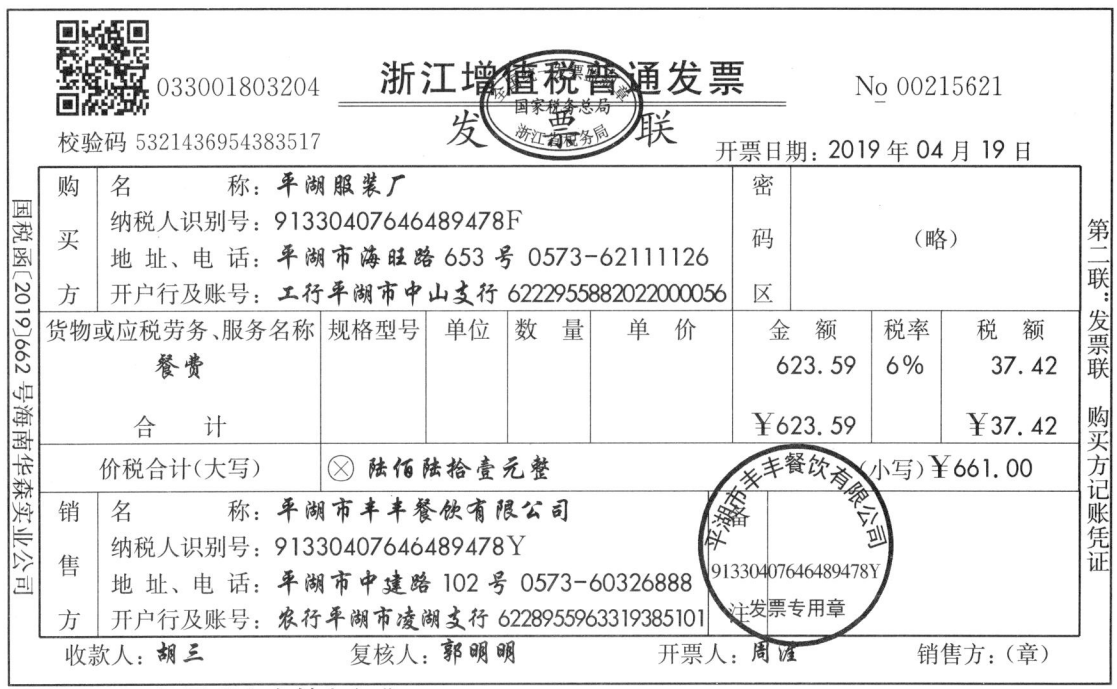

3. 25日,用现金支付会务费。

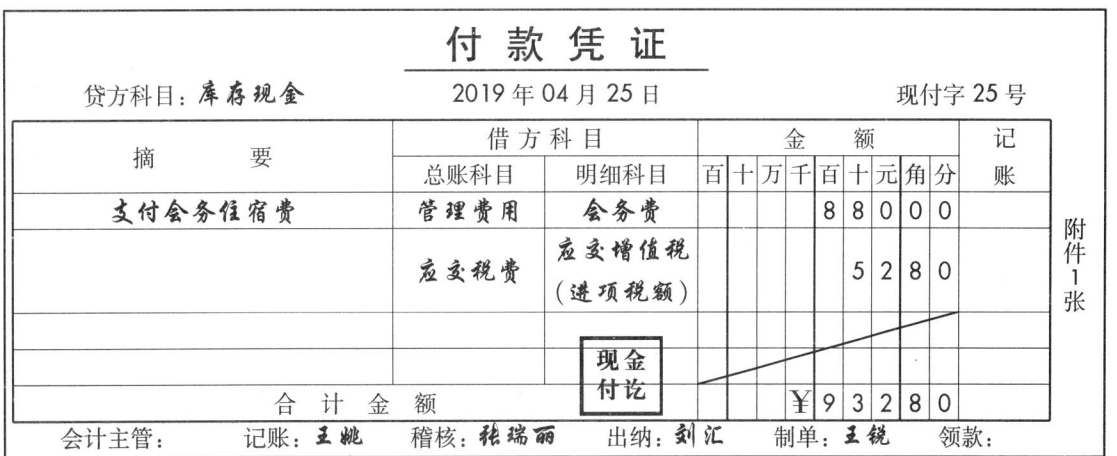

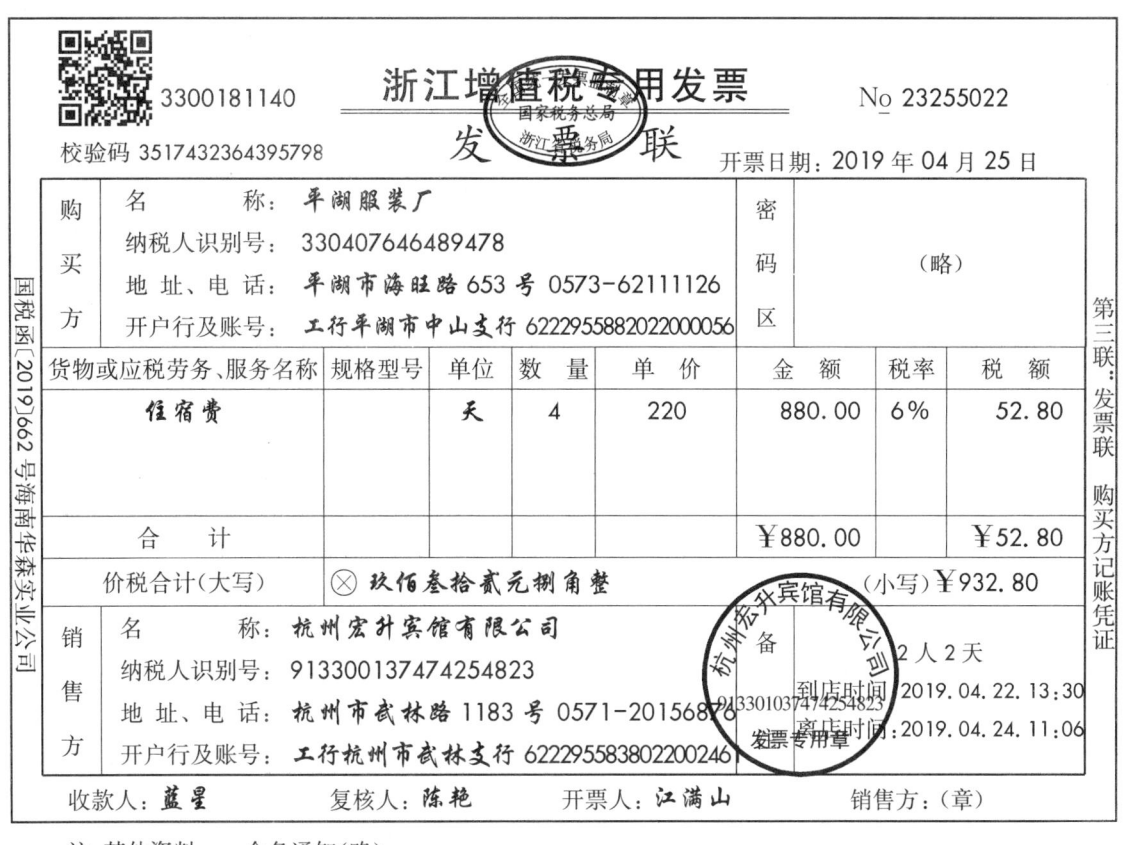

4. 26日，开出转账支票支付办公楼修缮费。

付 款 凭 证

贷方科目：银行存款　　　2019年04月26日　　　银付字18号

摘 要	借方科目		金 额	记账
	总账科目	明细科目	百十万千百十元角分	
房屋修缮费	管理费用	修理费	1 6 6 4 0 0	
	应交税费	应交增值税（进项税额）	1 6 6 4 0 0	
合 计 金 额			￥1 8 3 0 4 0 0	

会计主管：　记账：王姚　稽核：张瑞丽　出纳：刘汇　制单：王锐　领款：

附件2张

浙江增值税专用发票

3300181140　　　　　　　　　　　　　　　No 23150165

校验码 9347246895591630　　　　　　　开票日期：2019 年 04 月 26 日

购买方	名　称：平湖服装厂
	纳税人识别号：91330407646489478F
	地址、电话：平湖市海旺路 653 号　0573-62111126
	开户行及账号：工行平湖市中山支行 6222955882022000056

密码区（略）

货物或应税劳务、服务名称	规格型号	单位	数量	单价	金额	税率	税额
房屋修缮费		平方米	100	164.60	16 460.00	10%	1 646.00
合　计					¥16 460.00		¥1 646.00

价税合计（大写）　⊗ 壹万捌仟壹佰零陆元整　　　　（小写）¥18 106.00

销售方	名　称：平湖市西塘建筑有限公司
	纳税人识别号：91330411667189443U
	地址、电话：平湖市西街 43 号　0573-60156226
	开户行及账号：工行平湖市西街支行 6222955881022002463

备注：（略）

收款人：王星　　复核人：陈针　　开票人：林山　　销售方：（章）

中国工商银行转账支票存根

10203321
01854253

附加信息 _____

签发日期 2019 年 04 月 26 日

收款人	平湖市西塘建筑有限公司
金　额	¥18 106.00
用　途	房屋修缮费

单位主管　　　　　　　会计　赵起

5. 30日,用现金支付票据购买费。

付 款 凭 证

贷方科目：**库存现金**　　　　2019 年 04 月 30 日　　　　　　现付字 27 号

摘　要	借方科目		金　额	记账
	总账科目	明细科目	百十万千百十元角分	
购票据	管理费用		3 5 0 0 0	
合 计 金 额			￥　　　3 5 0 0 0	

会计主管：　　记账：**王姚**　　稽核：**张瑞丽**　　出纳：**刘汇**　　制单：**王锐**　　领款：

附件1张

浙江省政府非税收入统一票据（102）

执收单位代码：331278　　　2019 年 04 月 26 日　　　No 0034129176

缴款人	**平湖服装厂**				
非税收入项目(执收码)	计量单位	数　量	标　准	金　额	
票据工本费	本	2	17.50	35.00	
合计人民币(大写)**叁拾伍元整**				￥35.00	
执收单位财务专用章		经手人	王明英	缴款方式	1. 现金 ☑ 2. 转账 ☐
备注	票据专用章				

注：本票据限于 2019 年 12 月 31 日前填开使用方为有效。

第二联　收据联

总 分 类 账 户

户名或编号：__管理费用__

2019年		记账凭证号数	摘要	对应科目	借方 亿千百十万千百十元角分	贷方 亿千百十万千百十元角分	核对号	借或贷	余额 亿千百十万千百十元角分
月	日								
04	01		期初余额					平	0
	03	转7	差旅费	其他应收款	3 1 2 0 0 0				
	06	银付4	电话费	银行存款	2 5 6 0 0 0				
	08	银付10	水电费	银行存款	8 5 0 0 0 0				
	12	银付17	房租	银行存款	1 2 0 0 0 0 0				
	19	现付24	餐费	库存现金	6 1 6 0 0				
	24	现付25	会务费	库存现金	8 8 0 0				
	24	现付26	办公费	库存现金	3 5 0 0 0				
	24	转10	工资费用	应付职工薪酬	7 8 4 5 0 0 0				
	26	银付18	房屋修缮费	银行存款	1 6 6 4 0 0 0				
	30	现付27	购票据	库存现金	3 5 0 0 0				

总 分 类 账 户

账户名称：**库存现金**

2019年		凭证号	摘　要	借　方	贷　方	借或贷	余　额
月	日						
04	18		承前页	8 000.00	7 200.00	借	3 000.00
	19	现付24	支付餐费		616.00		
	24	现付25	支付会务住宿费		880.00		
	24	现付26	支付办公费		350.00		
	30	现付27	购票据		350.00		

总 分 类 账 户

账户名称：**银行存款**

2019年		凭证号	摘　要	借　方	贷　方	借或贷	余　额
月	日						
04	21		承前页	513 560.00	44 630.00	借	1 160 860.00
	26	银付18	支付房屋修缮费		18 286.00		

总 分 类 账 户

账户名称：制造费用

2019年		凭证号	摘　要	借　方	贷　方	借或贷	余　额
月	日						
04	30		承前页	300 000.00		借	300 000.00

(三) 实验要求

1. 月末，审核记账凭证，并进行账证核对，检查账簿记录是否正确。
2. 采用适当方法更正账簿中的错误，"应交税费"总账、明细分类账户从略。

(四) 实验设计

1. 实验中要对每笔经济业务的原始凭证与记账凭证，记账凭证与账簿记录进行核对，指出存在的错误，说明应采用的更正方法，并在账页上进行更正。
2. 更正错误后要求对"管理费用"账户结出本月借方发生额合计，其他账户结出月末余额。
3. 本项实验需付款凭证 5 张，三栏式账页 4 张。

(五) 参考答案

错账更正后，"管理费用"账户 4 月份借方发生额合计 111 016 元；"库存现金"账户借方余额为 1 021.20元；"银行存款"账户借方余额为 1 142 754.00 元；"制造费用"账户借方余额为 301 200 元。

实验项目 2-4　记账规则与结账

(一) 实验目的

通过实验，学生应掌握账簿登记的基本规则与结账方法。

(二) 实验资料

平湖机械厂"应付账款"账户的有关资料如下：

1. 2018 年 1～11 月份累计借方发生额为 2 440 170 元；累计贷方发生额为 2 552 350 元。
2. 2018 年 11 月 30 日贷方余额为 372 900 元。
3. 2018 年 12 月 1～31 日"应付账款"账户登记情况如下：

总 分 类 账 户

账户名称：应付账款　　　　　　　　　　　　　　　　　　　　　第 30 页

2018年		凭证号	摘　　要	借　方	贷　方	借或贷	余　额
月	日						
11	30		承前页	2 415 120.00	2 552 350.00	贷	397 950.00
11	30	银付50	偿　还	25 050.00		贷	372 900.00
11	30		本月发生额及余额	236 825.00	251 410.00	贷	372 900.00
11	30		累　计	2 440 170.00	2 552 350.00	贷	372 900.00
12	06	转10	购　料		18 000.00		
12	12	转21	购　料		192 500.00		
12	17	银付25	偿　还	86 500.00			
12	21	转35	购　料		12 350.00		
12	24	银付51	偿　还	30 950.00			
12	25	银付53	偿还货款	21 300.00			
12	27	转45	购　料		105 650.00		
12	31	银付58	偿还货款	90 000.00			

(三) 实验程序

1. 根据记账规则的要求，将"应付账款"账户中的有关内容登记完整。
2. 月末，结出本月发生额及月末余额。
3. 年终，结出本年累计发生额及年末余额。
4. 年终，将本年余额结转下年，开设下年新账页。

(四) 实验设计

1. 实验中将"应付账款"账户所给资料誊写在账页上。文字、数字书写要规范。
2. 正确进行期末结账，开设下年新账页，结转年初余额。
3. 本实验需三栏式账页 2 张。

实验项目 2-5　银行存款余额调节表的编制

(一) 实验目的

通过实验，学生应掌握银行存款清查和银行存款余额调节表的编制方法。

(二) 实验资料

平湖机械厂 2019 年 5 月 21~31 日银行存款日记账账页记录和银行对账单如下：

银行存款日记账

2019年		凭证号	摘　要	结算凭证		对方科目	借　方	贷　方	余　额
月	日			种类	号数				
05	21		承前页						761 000
05	22	银付25	付电费	转支	#1261	管理费用		96 000	665 000
05	22	银付26	偿付货款	转支	#3671	材料采购		73 600	591 400
05	22	银付27	提取现金	现支	#2113	库存现金		8 000	583 400
05	23	银付28	支付运输费	转支	#7101	销售费用		74 400	509 000
05	23	银收8	实收货款	转支	#5134	应收账款	56 600		565 600
05	24	银付29	支付房租	转支	#9014	管理费用		80 000	485 600
05	24	银付30	交增值税	转支	#1263	应交税费		12 000	473 600
05	25	银付31	提现金	现支	#6672	库存现金		7 000	466 600
05	25	银收9	收回货款	委收	#3002	应收账款	37 900		504 500
05	26	银付32	购入材料	汇票	#4066	材料采购		114 800	389 700

(续表)

2019年		凭证号	摘要	结算凭证		对方科目	借方	贷方	余额
月	日			种类	号数				
05	26	银收10	收回货款	本票	#5533	应收账款	190 760		580 460
05	26	银付33	付会务费	转支	#1264	管理费用		1 200	579 260
05	27	银付34	支付评审费	转支	#1267	管理费用		7 600	571 660
05	28	银付35	预付货款	转支	#1268	预付账款		100 000	471 660
05	29	银收11	收回货款	转支	#4403	应收账款	34 780		506 440
05	30	现付9	存入现金	回单	#36	库存现金	4 000		510 440
05	30	银付36	预付差旅费	现支	#3366	其他应收款		5 560	504 880
05	31		本月合计						504 880

银 行 对 账 单

2019年		结算凭证		摘要	借方	贷方	余额
月	日	种类	号数				
05	21			承前页			761 000
05	22	转支	#1261	付货款	96 000		
05	22	现支	#2113	提现金	8 000		
05	24	转支	#7101	付运输费	74 400		
05	25	特转	#8014	存款利息		11 800	
05	25	现支	#6672	提现	7 000		
05	26	转支	#9014	付房租	80 000		
05	26	本票	#5533	存入货款		190 760	
05	26	转支	#1264	会务费	1 200		
05	29	转支	#3671	付货款	73 600		
05	29	专托	#6173	付电话费	7 600		
05	30	转支	#1267	付评审费	7 600		
05	30	特转	#0917	贷款利息	7 000		
05	30		#36	存入现金		4 000	
05	29	专托	#2194	支付水费	9 600		
05	31	委收	#1006	代收运费		8 000	
05	31	汇票	#4066	采购	114 800		
05	31			月末余额			488 760

（三）实验要求

1. 将银行存款日记账与银行对账单进行核对，找出未达账项。
2. 编制 5 月份的银行存款余额调节表，确定该企业的银行存款实有余额。

（四）实验设计

1. 首先，将银行存款日记账与银行对账单按结算凭证种类和号数一一进行核对，确定哪些是银行已入账企业尚未入账的事项，哪些是企业已入账银行尚未入账的事项；其次，将银行存款日记账与银行对账单的月末余额及未达账项填入银行存款余额调节表；最后，计算出调节后的银行存款余额。

2. 假设企业与银行账面记录 5 月 21 日前均核对无误，5 月 21～31 日双方账面余额计算均无错误，编制的银行存款余额调节表应保持平衡。

3. 实验中应简要分析出现未达账项的原因。

4. 本项实验需空白银行存款余额调节表 1 张。

（五）参考答案

调节后银行存款余额为 500 480 元。

实验项目 3　财 务 报 表

实验项目 3-1　科目汇总表账务处理程序

(一) 实验目的

通过实验,学生应掌握科目汇总表的编制及总分类账户的登记方法。

(二) 实验资料

1. 平湖机械厂 2019 年 2 月初各总分类账户的期初余额如下:

总分类账户期初余额表

账 户 名 称	借方余额	账 户 名 称	贷方余额
库存现金	5 800	短期借款	1 000 000
银行存款	2 393 280	应付账款	921 960
应收账款	570 600	应付职工薪酬	154 200
其他应收款	8 360	应交税费	110 800
原材料	1 564 740	应付利息	60 000
库存商品	3 766 200	长期借款	6 000 000
生产成本	1 894 780	实收资本	12 770 000
无形资产	226 000	盈余公积	1 500 000
长期股权投资	1 200 000	利润分配	480 000
固定资产	19 072 400	累计折旧	5 158 000
		累计摊销	100 000
		本年利润	2 447 200
合　　计	30 702 160	合　　计	30 702 160

2. 该厂2月1～10日、2月11～20日的科目汇总表分别列示如下：

科 目 汇 总 表

2019年02月01～10日

会 计 科 目	过账	本期发生额 借 方	本期发生额 贷 方	记账凭证起讫号数
库存现金		3 000	4 000	1. 现金收款凭证自第1号至23号；
银行存款		439 400	357 200	2. 现金付款凭证自第1号至17号；
应收账款		288 820	145 560	3. 银行存款收款凭证自第1号至15号；
短期借款			100 000	4. 银行存款付款凭证自第1号至19号；
应付账款			121 600	5. 转账凭证自第1号至21号。
应交税费		72 000	97 620	
制造费用		98 760		
主营业务收入			574 240	
销售费用		14 000		
管理费用		41 040		
合 计		1 178 620	1 178 620	

科 目 汇 总 表

2019年02月11～20日

会 计 科 目	过账	本期发生额 借 方	本期发生额 贷 方	记账凭证起讫号数
库存现金		1 800	3 600	1. 现金收款凭证自第24号至30号；
银行存款		583 920	1 793 800	2. 现金付款凭证自第18号至26号；
应收账款		200 000		3. 银行存款收款凭证自第16号至47号；
其他应收款		16 000	20 000	4. 银行存款付款凭证自第20号至52号；
在途物资		214 400	172 400	5. 转账凭证自第22号至36号。
原材料		172 400		
无形资产		40 000		
固定资产		1 376 600		
长期借款			400 000	
应付账款		100 000	224 000	
应交税费		256 000	57 120	
制造费用		22 600		
主营业务收入			336 000	
销售费用		8 000		
管理费用		15 200		
合 计		3 006 920	3 006 920	

3. 该厂 2 月 21～28 日发生的各项经济业务见实验项目 1-2。

(三) 实验要求

1. 开设总分类账户并登记月初余额。
2. 根据实验项目 1-2 的记账凭证编制 2 月 21～28 日的科目汇总表。

科 目 汇 总 表

2019 年 02 月 21～28 日

会 计 科 目	过账	本期发生额		记账凭证起讫号数
		借 方	贷 方	
				1. 现金收款凭证自第　号至　号；
				2. 现金付款凭证自第　号至　号；
				3. 银行存款收款凭证自第　号至　号；
				4. 银行存款付款凭证自第　号至　号；
				5. 转账凭证自第　号至　号。
合　　计				

3. 根据该月份的科目汇总表登记总分类账户,并进行结账。

(四) 实验设计

1. 各总分类账户根据科目汇总表每 10 天汇总登记一次。
2. 月末结账后,应进行试算平衡,检查总分类账户登记是否正确。
3. 本项实验需三栏式总账账页 34 张,科目汇总表 1 张。

(五) 参考答案

1. 2 月 21～28 日科目汇总表本期借方、贷方发生额合计为 18 095 875.60 元。
2. 结账后试算平衡表总分类账户期末借方余额合计为 31 712 623.80 元。

实验项目 3-2　财务报表的编制

(一) 实验目的

通过实验,学生应初步掌握资产负债表、利润表的编制原理和方法。

(二) 实验资料

平湖机械厂 2019 年 2 月份各损益账户本期发生额及有关总分类账户月末余额见实验项目 3-1。

(三) 实验要求

编制平湖机械厂 2019 年 2 月份的资产负债表(年初余额从略)和利润表(为简化,表中"本期金额"栏中填写本月金额,上期金额从略;企业所得税按季度缴纳)。

(四) 实验设计

1. 假设该厂总分类账户与所属各明细分类账户余额均方向相同,金额相等,明细分类账户资料从略。

2. 本项实验需资产负债表、利润表各 1 张。

(五) 参考答案

1. 资产负债表中资产总计期末余额为 26 336 323.80 元。
2. 利润表中 2 月份利润总额为 411 555.30 元。

资产负债表

会企01表

编制单位：　　　　　　　　　　　　　　　年　月　日　　　　　　　　　　　　　　　单位：元

资　　产	期末余额	年初余额	负债和所有者权益(或股东权益)	期末余额	年初余额
流动资产：			流动负债：		
货币资金			短期借款		
交易性金融资产			交易性金融负债		
衍生金融资产			衍生金融负债		
应收票据及应收账款			应收票据及应付账款		
预付款项			预收款项		
其他应收款			合同负债		
存货			应付职工薪酬		
合同资产			应交税费		
持有待售资产			其他应付款		
一年内到期的非流动资产			持有待售负债		
其他流动资产			一年内到期的非流动负债		
流动资产合计			其他流动负债		
非流动资产：			流动负债合计		
债权投资			非流动负债：		
其他债权投资			长期借款		
长期应收款			应付债券		
长期股权投资			其中:优先股		
其他权益工具投资			永续债		
其他非流动金融资产			长期应付款		
投资性房地产			预计负债		
固定资产			递延收益		
在建工程			递延所得税负债		
生产性生物资产			其他非流动负债		
油气资产			非流动负债合计		
无形资产			负债合计		
开发支出			所有者权益(或股东权益)：		
商誉			实收资本(或股本)		
长期待摊费用			其他权益工具		
递延所得税资产			其中:优先股		
其他非流动资产			永续债		
非流动资产合计			资本公积		
			减:库存股		
			其他综合收益		
			盈余公积		
			未分配利润		
			所有者权益(或股东权益)合计		
资产总计			负债和所有者权益(或股东权益)总计		

利　润　表

会企02表

编制单位：　　　　　　　　　　　　　　　年　　月　　　　　　　　　　　　　　单位：元

项　　　　　　　　　　　目	本期金额	上期金额
一、营业收入		
减：营业成本		
税金及附加		
销售费用		
管理费用		
研发费用		
财务费用		
其中：利息费用		
利息收入		
资产减值损失		
信用减值损失		
加：其他收益		
投资收益（损失以"－"号填列）		
其中：对联营企业和合营企业的投资收益		
净敞口套期收益（损失以"－"号填列）		
公允价值变动收益（损失以"－"号填列）		
资产处置收益（损失以"－"号填列）		
二、营业利润（亏损以"－"号填列）		
加：营业外收入		
减：营业外支出		
三、利润总额（亏损总额以"－"号填列）		
减：所得税费用		
四、净利润（净亏损以"－"号填列）		
（一）持续经营净利润（净亏损以"－"号填列）		
（二）终止经营净利润（净亏损以"－"号填列）		
五、其他综合收益的税后净额		
（一）不能重分类进损益的其他综合收益		
1. 重新计量设定受益计划变动额		
2. 权益法下不能转损益的其他综合收益		
3. 其他权益工具投资公允价值变动		
4. 企业自身信用风险公允价值变动		
……		
（二）将重分类进损益的其他综合收益		
1. 权益法下可转损益的其他综合收益		
2. 其他债权投资公允价值变动		
3. 金融资产重分类计入其他综合收益的金额		
4. 其他债权投资信用减值准备		
5. 现金流量套期储备		
6. 外币财务报表折算差额		
……		
六、综合收益总额		
七、每股收益：		
（一）基本每股收益		
（二）稀释每股收益		

附录 1

实验教学项目卡

学　　期：_____

课程名称：_____

实验教师：_____

实验教学项目卡

实验教学归属部门		实验室名称	
实验项目名称		实验课时数	
所属课程名称		实验人数	
专业(班级)		实验时间	
是否有实验教学大纲		实验类型		实验开设属性	
实验教材或指导书名称					
实验目的					
实验设备及条件					
实验主要内容（子项目）					
实验基本步骤和方法					
实验消耗材料					
实验室人员及教师签名					
实验室负责人签名					

备注：1. 实验类型分类：验证性、综合性、设计性和其他。
　　　2. 实验开设属性分类：必开、选开和自由开放。

附录 2

实验中学生常见问题的解答

1. 问：哪些原始凭证的日期是需要大写的？

答：一般而言，属于票据法中所称的"票据"，如支票、银行承兑汇票、商业承兑汇票、银行汇票和银行本票等，其"出票日期"需要大写；如支票存根、进账单、托收凭证、汇兑凭证、增值税专用发票等各类发票，其"开票日期"或"日期"不需要大写。

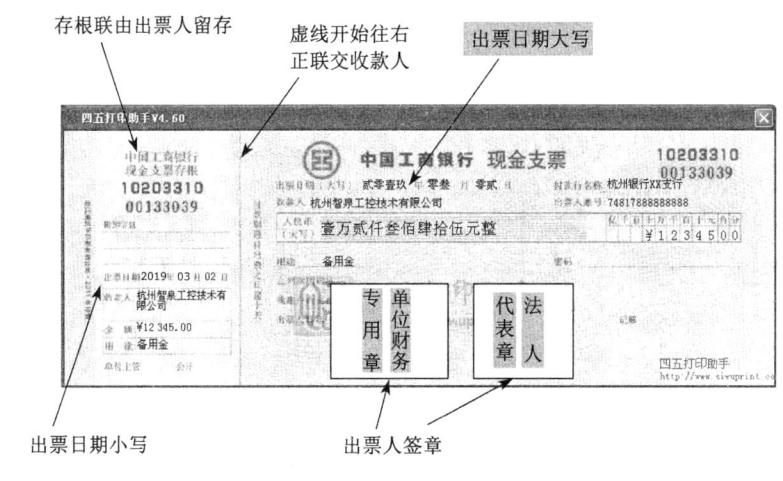

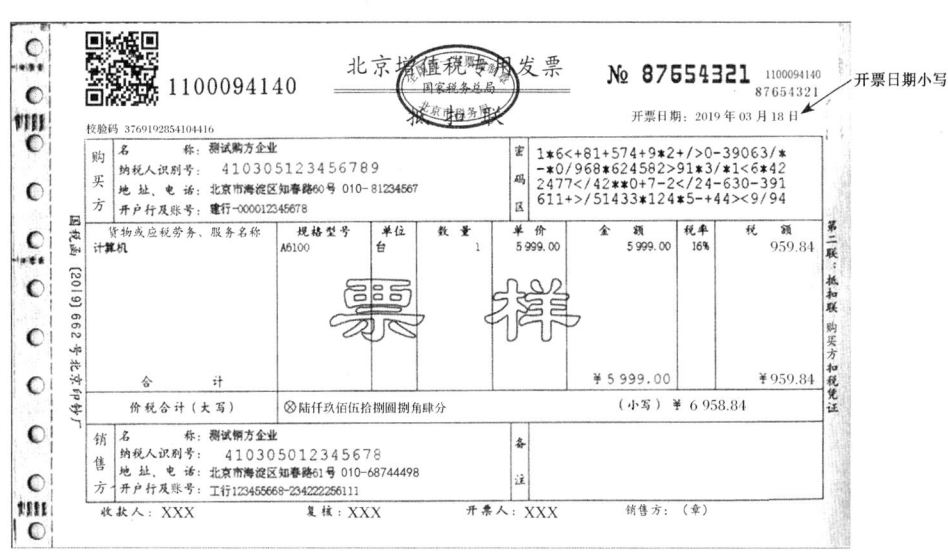

2. 问：如何填写大写的票据"出票日期"？

答:按照规定,票据的出票日期必须使用中文大写。为防止变造票据的出票日期,在填写月、日时,月为壹、贰和壹拾的,日为壹至玖和壹拾、贰拾、叁拾的,应在其前加"零";日为拾壹至拾玖的,应在其前加"壹"。如:2月15日,应写成零贰月壹拾伍日;10月20日,应写成零壹拾月零贰拾日。

3. 问:在填写支票"出票日期"时,写错了月份日期,已将错的字划线并在其上方写上正确的月份,这样做是否可行?

答:按照规定,票据的出票金额、出票日期、收款人名称不得更改,更改的票据无效。所以若将支票的出票日期(大写)写错了,该支票不能使用了,需要重新签发一张支票。

【案例】2019年3月23日,A公司向本市B公司出售了商品,货款总额为85 000元。A公司财务人员汤某接收B公司财务人员沈某签发的一张转账支票时,发现支票的出票日期为贰零壹玖年零叁月贰拾壹日,遂向沈某询问为什么签发日期不是2019年3月23日。沈某接过汤某手中的支票,就在支票上将"壹字"用红笔划一条红线,在其上方写了"叁"字。分析沈某的做法是否妥当,汤某是否应当接受该修改后的支票。

【解析】按照规定,票据的出票金额、出票日期、收款人名称不得更改,更改的票据无效。因此本例中,沈某在支票上更改出票日期的做法是不对的,这样会导致支票无效,汤某应拒绝该出票日期更改后的支票。

4. 问:签发支票时,在"出票人盖章"处应盖怎样的章,有的同学说,应盖单位的发票专用章和法人代表章;有的同学说,应盖单位的财务专用章和法人代表章;也有的同学说,盖单位公章和法定代表人章也可以的,不知在支票的"出票人盖章"处应盖怎样的章是对的?

答:按照规定,支票上的出票人签章,出票人为单位的,为与该单位在银行预留签章一致的财务专用章或者公章,加其法定代表人或者其授权的代理人的签名或者盖章;出票人为个人的,为与该个人在银行预留签章一致的签名或者盖章。支票出票人的预留银行签章是银行审核支票付款的依据。出票人不得签发与其预留银行签章不符的支票。因此,在支票上的出票人签章不能加盖发票专用章。

【案例】2019年3月8日,甲公司向乙公司购买了一批原材料,货款为42 000元。合同约定采用支票结算付款。甲公司收到货物后向乙公司签发了一张转账支票,乙公司收到该支票后,向自己的开户银行B提交支票,开户银行工作人员李某在受理该支票时,发现支票上甲公司的签章为"发票专用章"和甲公司财务主管"张××"的个人名章,遂建议乙公司要求甲公司重新签发支票,否则其向甲公司开户银行D提示付款时,开户银行D将会拒绝付款,并作退票处理。试分析乙公司开户银行工作人员李某的做法是否正确。

【解析】乙公司开户银行工作人员李某的做法正确。按照我国《支付结算办法》和《票据法》规定,单位在票据上的签章,应为该单位的盖章加其法定代表人或其授权的代理人的签名或者盖章。本例中,支票出票人甲公司的单位盖章应与该单位在银行预留签章一致的财务专用章或公章,由于出票人甲公司所签发支票的单位盖章是该公司的"发票专用章",而不是该公司的"财务专用章"或者"公章",因此该签章不具有票据法规定的效力。乙公司应将该支票退回给甲公司要求重新签发支票。

5. 问:"实验项目1-1原始凭证的填制"实验资料中的第2题,平湖机械厂销售产品并取得嘉兴石化总厂签发的转账支票,需要办理哪些手续才能收到货款?

答:平湖机械厂作为销售方在销售产品并取得支票时,应按下列步骤办理收款手续:

第一步,需要对该支票进行审核,具体包括:支票的出票日期填写是否符合规范要求,是否超过提示付款期限(支票的付款期限为自出票之日起10天,超过付款期限的,银行不予受理);收款人名称是否正确;支票金额是否与发票金额一致,支票金额的大写与小写是否一致,如果支票金额以中文大写和阿拉伯数码记载,两者必须一致,两者不一致的该支票无效。

第二步,经审核无误后,需要在该支票的背面"被背书人"栏处写上开户银行的名称,在"背书人"栏处写上"委托收款"字样,并盖上与在银行预留签章一致的财务专用章或公章,以及其法定代表人或其授权的代理人的签名或者盖章。按照规定,持票人委托开户银行收款时,应作委托收款背书,在支票背面"背书人签章"栏签章,记载"委托收款"字样、背书日期,在被背书人栏记载开户银行名称。转账支票的背面格式见实验项目1-1相应内容。

第三步,根据该支票上的信息,填制一式三联的"进账单",并连同该支票在支票的提示付款期限自出票之日起10天内一并送交开户银行,委托开户银行收款。开户银行经审核同意受理后,在进账单的回单联上加盖"开户银行受理章"后退回给收款人,表示同意收款人的委托收款的请求。

第四步,收款人开户银行通过与出票人开户银行的清算,将票款收入收款人存款账户,并在"进账单"第三联即收账通知联上加盖"收妥抵用"章交给收款人。出票人必须按照签发的支票金额承担保证向持票人付款的责任。出票人在付款人处的存款足以支付支票金额时,付款人应当在见票当日足额付款。如出票人在付款人处的存款不足以支付支票金额时,则属于签发空头支票行为,应承担法律责任。支票出票人的预留银行签章是银行审核支票付款的依据。出票人不得签发与其预留银行签章不符的支票。

下面结合"实验项目1-1原始凭证的填制"实验资料中的第2题,介绍收到支票、在支票背面完成的工作。平湖机械厂向嘉兴石化总厂销售"鼓风机",取得嘉兴石化总厂签发的转账支票一张,金额为69 600元。平湖机械厂会计要在其支票背面"被背书人"栏处写上开户银行的名称,在"背书人"栏处写上"委托收款"字样,并盖上与在银行预留签章一致的财务专用章加其法定代表人章。

转账支票背面(正联)

附加信息:	被背书人:工行平湖市十支行
	委托收款
	平湖机械厂财务专用章 法人代表章
	背书人签章 2019年01月10日

支票从银行提取现金的业务,出票人和收款人是同一人,直接向付款人提示付款。收款人持用于支取现金的支票向付款人提示付款时,应在支票背面"收款人签章"处签章。

现金支票的背面格式如下:

根据《中华人民共和国票据法》等法律法规的规定,签发空头支票由中国人民银行处以票面金额5%但不低于1 000元的罚款	附加信息: 身份证件名称:　　发证机关: 号码	收款人签章 年　月　日

注:支票背面,按新版增加了与支票存根"附加信息"栏对应的背面位置加印温馨提示。

转账支票流程图如下所示。

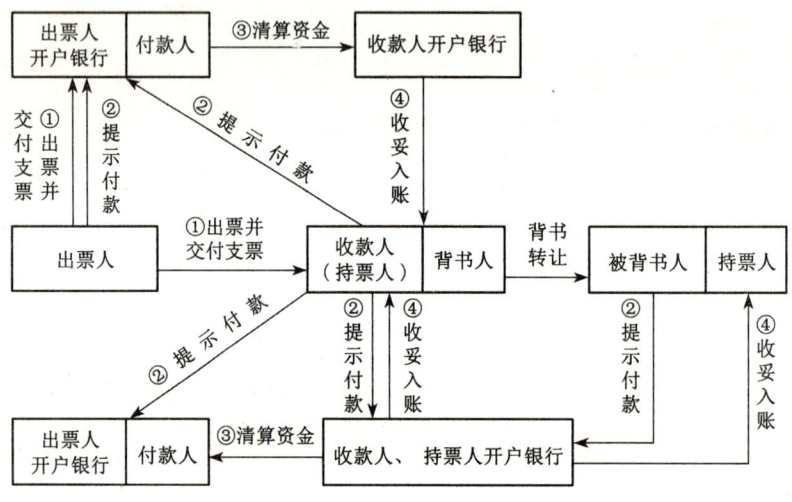

6. 问:原始凭证的书写格式要求是怎样的?

答:原始凭证的书写要用蓝色或黑色笔书写,字迹清楚、规范,填写支票必须使用碳素笔,属于需要套写的凭证,必须一次套写清楚,合计的小写金额前应加注币值符号,如"￥""HK＄""US＄"等。大写金额有分的,后面不加整字,其余一律在末尾加"整"字,大写金额前还应加注币值单位,注明"人民币""美元""港币"等字样,且币值单位与金额数字之间不得留有空白。各种凭证不得随意涂改、刮擦、挖补,若填写错误应采用规定的方法予以更正。对于重要的原始凭证,如支票以及各种结算凭证,一律不得涂改。对于预先印有编号的各种凭证,在填写错误后,要加盖"作废"戳记,并单独保管。阿拉伯数字应一个一个地写,不得连笔写。阿拉伯金额数字前面应写人民币符号"￥"。人民币符号"￥"与阿拉伯金额数字之间不得留有空白。凡阿拉伯数字前写有人民币符号"￥"的,数字后面不再写"元"字。所有以元为单位的阿拉伯数字,除表示单价等情况外,一律填写到角分。无角分的,角位和分位可写"00",或符号"—";有角无分的,分位应写"0",不得用符号"—"代替。汉字大写金额数字,一律用正楷字或行书字书写,如壹、贰、叁、肆、伍、陆、柒、捌、玖、拾、佰、仟、万、亿、圆、角、分、零、整等易于辨认、不易涂改的字样。不得用一、二(两)、三、四、五、六、七、八、九、十、毛、另(或0)等字样代替,不得任意自选简化字。

阿拉伯金额数字中间有"0"时,汉字大写金额要写"零"字,如¥101.50,汉字大写金额应写成人民币壹佰零壹元伍角整。阿拉伯金额数字中间连续有几个"0"时,汉字大写金额中可以只写一个"零"字,如¥1 004.56,汉字大写金额应写成人民币壹仟零肆元伍角陆分。阿拉伯金额数字元位是"0"或数字中间连续有几个"0",元位也是"0",但角位不是"0"时,汉字大写金额可只写一个"零"字,也可不写"零"字,如¥1 320.56,汉字大写金额应写成人民币壹仟叁佰贰拾元零伍角陆分,或人民币壹仟叁佰贰拾元伍角陆分。

7. 问:在编制记账凭证时,常会发生将标有"转账"字样的原始凭证,如实验中签发转账支票支付职工工资、缴纳增值税的税收电子转账专用完税凭证等,编制成"转账凭证",如何区分收款凭证、付款凭证和转账凭证?

答:转账支票、电子转账专用完税凭证中的"转账"与转账凭证中"转账"两字含义是不同的。前者中"转账"两字,表示支付款项的方式,不是用现金支付,而是通过开户银行中存款户将款项转入相关的收款人的存款户中,称为"转账"。而后者中"转账"两字,是相对于记账凭证中"付款凭证"和"收款凭证"而言,转账凭证是用于记录不涉及货币资金收付业务的凭证。

例如,2019年3月13日,A公司向华阳公司销售甲产品取得收入18 000元(暂不考虑增值税),货款尚未收到。A公司应编制的会计分录为:

借:应收账款　　　　　　　　　　　　　　　　　　　　　　　　　18 000
　　贷:主营业务收入　　　　　　　　　　　　　　　　　　　　　　18 000

上述会计分录中记录的是不涉及货币资金收付业务,使用的会计科目不涉及货币资金,应编制转账凭证。其格式如下所示。

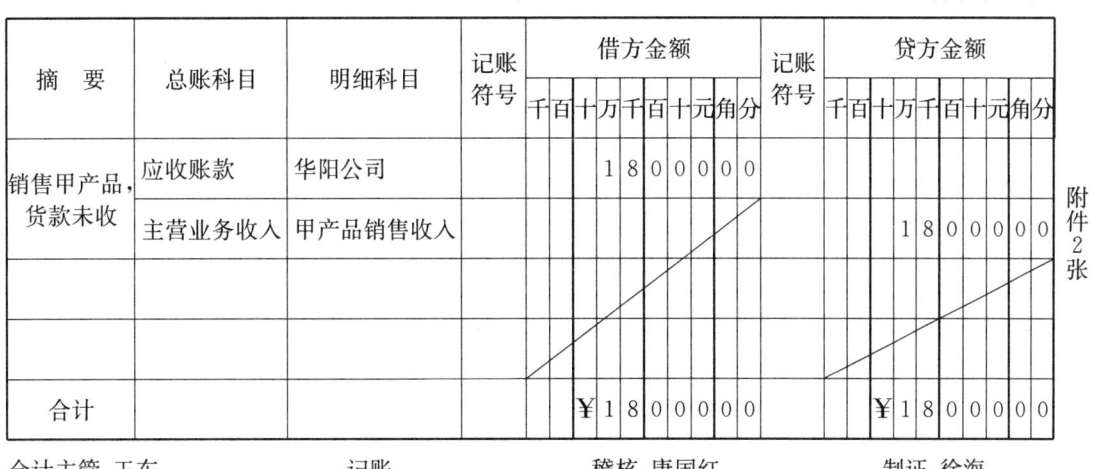

又如,2019年3月1日,A公司签发一张转账支票(支票编号为30000625),用于偿还首次海林公司货款50 000元。该项经济业务引起资产(银行存款)减少和负债(应付账款)减少,涉及货币资金的减少,应编制银行存款的付款凭证,如下所示。

付款记账凭证

贷方科目：银行存款　　　　2019 年 03 月 01 日　　　　凭证编号　银付 01

摘　要	借方科目		金　额	记账符号
	总账科目	明细科目		
偿还货款	应付账款	海林公司	50 000.00	
结算方式及票号：支票 30000625		合计	50 000.00	

附件 2 张

会计主管人员：　　　记账：　　　稽核：　　　制证：张英　　　出纳：

出票人签发的转账支票的右半张交收款人,在该记账凭证后应附上转账支票的存根联。

8. 问:在实验时发现编制记账凭证时的日期有的并不是原始凭证上的日期,这怎么理解?

答:记账凭证上的日期是会计人员在编制记账凭证时的日期,原始凭证上的日期是经济业务发生或完成时的日期,两者的日期有时不一致是正常的。例如,某企业在外地购买原材料,供货单位开出发票的时间为 2019 年 10 月 20 日,该发票上的日期就是 2019 年 10 月 20 日,当该发票于 2019 年 10 月 25 日寄达购货方要求付款,购货方于当天汇出款项。会计人员于当天编制付款凭证,付款凭证上的日期为 2019 年 10 月 25 日。这样就造成了原始凭证上的日期与记账凭证上的日期不一致。

9. 问:如何粘贴原始凭证?

答:一般企业单位都制定了原始凭证的粘贴办法。其规定如下:原始凭证应使用优质胶水粘贴在单位统一印制的"单据粘贴单"上,先将胶水涂抹在原始凭证左侧背面从"单据粘贴单"的右下角开始,齐线齐边地下贴一张、上贴一张,适度左移后再下贴一张、上贴一张,粘贴的距离根据凭证数量的多少来确定,但必须在粘贴纸左侧留出约 2 公分装订的位置。

粘贴时按小票在下、大票在上的要求,从右至左呈阶梯状依次粘贴,在粘贴线内均匀粘贴,上、下及右方不得超出粘贴线,超出部分可以按照单据粘贴单大小折叠在粘贴范围之内,需要折叠的单据,先将单据左下方折叠成三角形状然后按凭证大小折叠,这样可以避免凭证装订时折叠层不会被装订着,方便记账或检查时查看。若票据较多,可在多张空白报销单上粘贴。如出差报销凭证(如住宿费、车船票等),均应使用差旅费报销汇总单做封面。粘贴时,应先将凭证粘贴在单据粘贴单上,然后加贴差旅费报销汇总单,不得直接在差旅费报销汇总单的背面粘贴报销凭证。本实验中若没有提供"单据粘贴单",由于实验的每笔业务原始凭证少,可直接粘贴在记账凭证背面的右上角。

10. 问:如何设置现金日记账和银行存款日记账?怎样登记现金日记账和银行存款日记账?

答:按照规定,现金日记账和银行存款日记账必须采用订本式账簿,其账面格式一般采用三栏式,在同一张账页上设置"借方""贷方""余额"三栏。银行存款日记账还专设了"支票号数"栏或"结算凭证种类和号数"栏,以便与银行对账和加强支票管理。

库存现金日记账的登记,是由出纳人员根据同现金收付有关的记账凭证,按时间顺序逐日逐笔进行登记的,即根据现金收款凭证和与现金有关的银行存款付款凭证(从银行提取现金的业务)登记现金收入,根据现金付款凭证登记现金支出;每笔现金收付款项逐笔登记并随时结出账面余额,每日终了,应结出现金收付本日合计及账面余额,与库存现金实存数核对,以检查每日现金收付是否有误。现金日记账的登记方法如下:

(1) 日期栏:系指记账凭证的日期,应与现金实际收付日期一致。

(2) 凭证栏:系指登记入账的收、付款凭证的种类和编号,如"现金收(付)款凭证"简写为"现收(付)","银行存款付款凭证"简写为"银付"。凭证栏还应登记凭证的编号数,以便于查账和核对。

(3) 摘要栏:摘要说明登记入账的经济业务的内容。文字要简练,但要说明问题。

(4) 对方科目栏:系指现金收入的来源科目或支出的用途科目。如从银行提取现金,其来源科目(即对方科目)为"银行存款"。对方科目栏的作用在于了解经济业务的来龙去脉。

(5) 借方、贷方、余额栏:是指实际收付的金额及现金结余。每日终了,应分别计算现金收入和现金支出的合计数,并结出余额,同时将余额与出纳保管的库存现金核对。如账实不符,应查明原因,并记录备案。月终,同样要计算现金收入、支出和结存的合计数。

账簿中书写的文字和数字上面要留有适当空格,不要写满格,一般应占格距的1/2。

结合本次实验,登记方法举例如下:

现金日记账(三栏式)

2019年		凭证		摘　　要	对方科目	借方	贷方	余额
月	日	种类	编号					
02	20			承前页		4 800.00	7600.00	3 000.00
02	21	银付	56	从提取现金	银行存款	2 000.00		5 000.00
				本日合计		2 000.00		5 000.00
	22	现付	27	购买打字纸	管理费用		696.00	4 304.00
				本日合计			696.00	4 304.00
				……				
02	28			本月合计		7 100.00	8 296.00	4 604.00

银行存款日记账的登记,是由出纳员根据与银行存款收付业务有关的记账凭证,按时间先后顺序逐日逐笔进行登记。根据银行存款收款凭证和有关的现金付款凭证(库存现金存入银行的业务)登记银行存款日记账的借方栏,根据银行存款付款凭证登记其贷方栏。每笔银行存款收付款项逐笔登记后应随时结出银行存款账面余额,每日终了,应分别结出银行存款收入和银行存款支出的合计数及账面余额。月末时,结出本月银行存款收入和支出的合计数及账面余额,并同银行送来的对账单核对。

11. 问:存货明细账的格式是怎样的?

答:根据管理上要求,存货既要进行金额核算,又要进行实物数量核算,所以存货明细账账面格式应采用"数量金额式"。在"借方(收入)""贷方(发出)"和"余额(结存)"栏内分别设置数量、单价和金额三个栏次。

12. 问:在实验时,登记"原材料"明细账时,收入栏中的"单价"是按发票中的单价填写的吗?

答:"原材料"明细账收入栏中的"单价"与发票中的"单价"含义是不一样的。发票中的单价是货物买价的单价,是销售方出售商品的单价。"原材料"明细账收入栏中的"单价"是按购入原材料总成本除以实际收到的该原材料数量后得出的单位成本,它不仅包括买价还包括采购费用。

13. 问:结账时如何划红线?

答:月末结账划线的目的,是为了将本月与下月的会计业务记录明显分开,表示本会计期的会计记录已经结束,并方便查账。根据《会计基础工作规范》规定,需要结出当月发生额的,应当在摘要栏内注明"本月合计"字样,并在下面通栏划单红线。需要结出本年累计发生额的,应当在摘要栏内注明"本年累计"字样,平时的本年累计是从年初至本月的累计发生额,在其下面通栏划单红线;12月末的"本年累计"就是全年累计发生额。在12月份下面写上"本月合计"字样,划通栏单红线,然后再写"本年累计"字样,在全年累计发生额下面应当通栏划双红线。但在实务工作中,为了更好地明显区分月与月之间的记录,在本月最后一笔记录下划一条从摘要开始至余额栏单红线,而不是通栏单红线,因为本月结账尚未完成。

附录3

实验评分标准

初级会计学课程实验成绩分为优秀、良好、中等、及格、不及格等。各等级评分标准如下。

1. 优秀(A)

(1) 实验项目的各项经济业务的会计技术处理过程符合《企业会计准则》和《企业会计制度》的要求。

(2) 会计凭证的填制符合有关财经、会计等法规的要求,无涂改现象,凭证装订规范。

(3) 账簿设置符合要求,账簿记录符合规范,账面整洁。

(4) 报表编制符合规范、勾稽关系正确。

(5) 实验结论正确。

(6) 验收答疑、回答问题准确。

(7) 实验报告格式规范、实验目的明确、实验原理与步骤正确、实验内容明确、实验体会反映专业特征。

(8) 无迟到、早退和缺勤现象。

2. 良好(B)

(1) 实验项目的各项经济业务的会计技术处理过程符合《企业会计准则》和《企业会计制度》的要求。

(2) 会计凭证的填制符合有关财经、会计等法规的要求,无涂改现象,凭证装订规范。

(3) 账簿设置符合要求,账簿记录基本符合规范,账面比较整洁。

(4) 报表编制符合规范,勾稽关系正确。

(5) 实验结论正确。

(6) 验收答疑、回答问题基本正确。

(7) 实验报告格式规范、实验目的明确、实验原理与步骤正确、实验内容明确、有一定的实验体会。

(8) 无迟到、早退和缺勤现象。

3. 中等(C)

(1) 实验项目的各项经济业务的会计技术处理过程基本符合《企业会计准则》和《企业会计制度》的要求。

(2) 会计凭证的填制符合有关财经、会计等法规的要求,基本无涂改现象,凭证装订规范。

(3) 账簿设置基本符合要求,账簿记录基本符合规范,账面比较整洁。

(4) 报表编制基本符合规范,勾稽关系基本正确。

(5) 实验结论基本正确。

(6) 验收答疑、回答问题无明显错误。

(7) 实验报告基本格式规范、实验目的明确、实验原理与步骤正确、实验内容较明确、有一定的实验体会。

(8) 迟到、早退现象累计不超过1次,但无缺勤现象。

4. 及格(D)

(1) 实验项目的各项经济业务的会计技术处理过程能基本符合《企业会计准则》和《企业会计制度》的要求。

(2) 会计凭证的填制基本符合有关财经、会计等法规的要求,基本无涂改现象,凭证装订较规范。

(3) 账簿设置基本符合要求,账簿记录基本符合要求,账面尚整洁。

(4) 报表编制基本符合规范,勾稽关系基本正确。

(5) 实验结论基本无错误。

(6) 验收答疑、回答问题无原则错误。

(7) 实验报告基本格式规范、实验目的明确、实验原理与步骤较正确、实验内容较明确、有一定的实验体会。

(8) 有迟到、早退和缺勤现象累计不超过2次。

5. 不及格(E)

(1) 实验项目的各项经济业务的会计技术处理过程不符合《企业会计准则》和《企业会计制度》的要求。

(2) 会计凭证的填制不符合有关财经、会计等法规的要求,涂改现象严重,凭证装订不规范。

(3) 账簿设置不符合要求,账簿记录不符合规范,账面不整洁。

(4) 报表编制不符合规范,勾稽关系错误。

(5) 实验结论不正确。

(6) 验收答疑,回答问题错误。

(7) 实验报告基本格式不规范、实验目的不明确、实验原理与步骤不正确、实验内容数据记录不全、体会不符合专业特征。

(8) 有迟到、早退和缺勤现象累计超过2次。

附录4

实验结果验收记录表

班级：　　　　　　　　　　　　　　　　　　　　　　　　学期：

序号	学号	姓名	会计资料完整性	会计资料整洁度	实验结果准确性	实验报告规范性	答疑	备注

实验老师签名：

附录 5

实验过程控制记录表

班级：   学期：

序号	学号	姓名	迟到	早退	缺勤	独立完成程度	进度检查	备注

实验老师签名：

附录6

实验报告格式及写作要求

一、实验报告格式

实验报告的参考格式如下：

"初级会计学"课程实验报告
学年　　学期

实验项目名称：

班级：　　　姓名：　　　学号：　　　成绩：

一、实验目的

二、实验原理和步骤

三、实验内容及数据记录

(续上)

四、实验结果

五、体会

二、实验报告的写作要求

按每个实验项目撰写一份实验报告。实验报告中应填明课程名称、实验项目名称、班级、姓名、学号。

(一) 实验项目 1

1. 实验目的

参考实验教材上的原始凭证和记账凭证的实验目的。

2. 实验原理和步骤

实验原理：(1) 会计要素，资产、负债、所有者权益、收入、费用和利润。

(2) 会计恒等式，资产＝负债＋所有者权益。

(3) 原始凭证填制的要求。

(4) 记账凭证填制的要求。

(5) 票据和结算凭证填制的要求。

实验步骤：即会计凭证实验步骤。

(1) 熟悉实验要求。

(2) 解读经济业务内容，理解经济业务的性质。

(3) 审核原始凭证或经济业务。

(4) 按原始凭证和记账凭证填制的要求填制有关会计凭证。

3. 实验内容及数据记录

实验内容：

(1) 实验项目 1-1　原始凭证的填制。

(2) 实验项目 1-2　记账凭证的填制。

实验数据记录：

(1) 原始凭证的审核与填制，包括支票、进账单、收据、银行汇票申请书(列示主要业务的数据，如 2019 年 1 月 10 日，销售给嘉兴石化总厂鼓风机 3 台，货款为 69 600 元，并收到转账支票。要求填制进账单，进账单一式三联及各联用途)。

(2) 记账凭证的填制与审核，包括收款凭证、付款凭证和转账凭证的填制与审核，共计 24 笔经济业务(列示部分主要业务的数据，如 2019 年 2 月 21 日，缴纳增值税 110 800 元。要求根据完税凭证编制银行存款的付款凭证)。

4. 实验结果

编制原始凭证数张，现金收、付款凭证各数张，银行存款收、付款凭证各数张，转账凭证数张。

5. 实验体会

体会要真实，反映实验遇到的问题及解决方法，通过本项目的实验掌握会计凭证编制技能的程度。

(二) 实验项目 2

1. 实验目的

按实验教材上的日记账、存货总账和明细账等实验目的。

2. 实验原理和步骤

实验原理：

(1) 登记账簿的规则。

(2) 错账更正规则和更正方法。

(3) 总账和明细账的平行登记规则等。

实验步骤：

(1) 开设三栏式现金日记账和银行存款日记账、原材料总账及其所属有关明细账等。

(2) 将 2 月 1 日至 20 日累计发生额及余额登记现金日记账和银行存款日记账；原材料余额登记原材料总账以及所属有关明细账。

(3) 根据有关会计凭证登记账簿，现金日记账和银行存款日记账应每日结出合计数。

(4) 月末结出有关账户的发生额和余额。

(5) 检查原材料总账与明细账余额是否相符。

3. 实验内容及数据记录

实验内容：参照实验项目 1 的列示方法，列出本实验项目子项目的名称。

数据记录：说明实验数据来源，现金日记账和银行存款日记账的登记方法；原材料总账与明细账的平行登记方法；凭证类型，"库存现金""银行存款""原材料"等总账与明细账登记的凭证张数。

4. 实验结果

现金日记账和银行存款日记账的本月发生额及月末余额，原材料总账与所属有关明细账的月末余额。

5. 体会

体会要真实，反映实验遇到的问题及解决方法，通过本项目的实验，掌握会计账簿设置与登记方法等技能的程度。

(三) 实验项目 3

1. 实验目的

按实验教材上的实验目的。

2. 实验原理和步骤

实验原理：

(1) 会计等式：资产＝负债＋所有者权益，收入－费用＝利润。

(2) 科目汇总表的编制方法。

(3) 资产负债表的编制方法。

(4) 利润表的编制方法。

实验步骤：

(1) 科目汇总表的编制。按旬汇总，将每一科目的借方和贷方发生额分别相加，其合计数填入科目汇总表。借方发生额合计数与贷方发生额合计数应相符。

(2) 根据科目汇总表登记总分类账户并结出余额。

(3) 资产负债表的编制。根据账簿记录的资料按资产负债表的编制原理填制有关项目的期末数。资产总计与负债和所有者权益总计应相等。

(4) 利润表的编制。根据损益类账户的发生额分析填列有关项目，并计算各步的利润。

3. 实验内容及数据记录

实验内容：参照实验项目1的列示方法，列出本实验项目子项目的名称。

实验数据记录：科目汇总表的编制，其数据为平湖机械厂2019年2月份的记账凭证资料；资产负债表的编制，其数据为该厂2019年2月末各账户的月末余额；利润表的编制，其数据为该厂损益类账户2月份的发生额。

4. 实验结果

科目汇总表借贷方本月发生额合计；资产总额、负债总额、所有者权益总额；利润总额。

5. 体会

体会要真实，反映实验遇到的问题及解决方法，通过本项目的实验，掌握科目汇总表、资产负债表、利润表等会计报表编制方法等技能的程度。

附录 7

实验思考题

1. 在审核原始凭证时需注意哪些要点？
2. 外来原始凭证与自制原始凭证有何区别？
3. 增值税专用发票与普通销售发票有何不同？
4. 结合实验，说明增值税专用发票各联次的作用。
5. 签发支票时，出票日期的填写有哪些规定？
6. 结合实验项目 1-1，分析平湖机械厂销售产品后取得嘉兴石化总厂开具的转账支票后，是如何完成收款业务处理过程的？
7. 通过实验，你发现专用式记账凭证有哪些优点？
8. 通过实验，你发现在记账凭证填制中应注意哪些要点？
9. 记账凭证在审核中最容易忽视的是什么？
10. 在实验中，现金日记账、银行存款日记账应注意哪些要点？
11. 请问平湖机械厂采用何种存货计价方法？这种存货计价方法的特点是什么？
12. 在实验中，如何对平湖机械厂原材料总账与其所属明细账进行核对？核对时应注意什么问题？
13. 在实验中，银行存款余额调节表的编制采用的是哪种方法？该表能否作为原始凭证？
14. 结合实验资料，分析平湖机械厂产生未达账项的原因？
15. 在编制科目汇总表过程中，应注意哪些事项，才能保证科目汇总表的编制比较顺利？根据科目汇总表登记总账时必须注意什么问题？
16. 在会计报表编制过程中，哪些项目要根据总账计算之后填列？
17. 在会计报表编制过程中，"未分配利润"项目应如何填制？
18. 在资产负债表中，资产类各项目期末余额应如何填制？
19. 在实验过程中，会计凭证与会计账簿之间的联系主要通过哪几点体现出来？
20. 请画出平湖机械厂会计核算程序流程图。
21. 请根据资产负债表、利润表等会计信息，对平湖机械厂的财务状况及财务成果进行分析，计算出主要财务指标。
22. 你如何将本实验资料和你做的实验讲解给家中从事会计工作的长辈听？请他们对我们的实验教学给予评价。
23. 通过实验，你最大的收获是什么？你初步掌握了哪些会计的基本技能？

教学课件索取单

敬爱的老师：

感谢您使用我们出版社的教材。为了方便教学，教材配有相关教学课件。如果您需要，请您填写下面表格中的相关信息，并以电子邮件的形式发到我社，我社在核对您的信息后，即免费向您提供教学课件。

我们的联系方式：

地　　址：上海市中山西路2230号1号楼1507室　　邮　编：200235
　　　　　立信会计出版社　　　　　　　　　　　　电　话：(021)64411223(O)
电子邮件：victoria_tysx@126.com　　　　　　　　联系人：余榕

教材名称				作者姓名	
教师姓名		性别		身份证号	
学　校			院系	教研室	
学校地址				邮　编	
职　务			职称	办公电话	
E-mail			手机	宅　电	
通信地址				邮　编	
所选教材			教材用量	册	
委托订购单位					

您对本教材的意见和建议是：_____

_____

_____

_____

_____

_____